总主编 沈建洲

美术

造型实践与素养

主　编　胡郁珮
编　者　胡郁珮　吴媛媛　何　苗　申玉洁
江　云　李素艳　陈　铿　刘映岐
贾　晗　赵江涛　阚　巍　王　涛
郭　帅

復旦大學出版社

内容提要

本书是基于新时代教师教育的新形势、新目标、新任务编写，旨在通过美术素养的培育，达到开阔师范生眼界，增长其美术知识，使其掌握教师必备的造型表现技能，陶冶艺术情操，丰富职业情感，培养艺术感受力、创造力和执教能力。

本册是美术素养部分，由五个教学单元构成，分别是自然物材料造型、人造物材料造型、创意绘本设计与制作、生活中的美与幼儿美术、当代造型艺术欣赏。一、二单元主要认识和了解生活中自然物、人造物材料的色彩、形态、质感、肌理等，并通过合理的造型手段展现其美感和意趣；第三单元主要了解和掌握不同画种、风格、材料、形式的绘本及其制作步骤，以便应用于保教活动和环境创设中；第四单元旨在让师范生感受生活环境中的美术与美术现象，进而帮助幼儿萌发对生活中美的感受和体验，并用自己的方式去表现和创造美；第五单元主要介绍了中西方当代造型艺术的形式、特点和艺术观，旨在启迪师范生的艺术思维，进而支持幼儿全面发展。

本书配有丰富的数字资源，使用者可以扫描书中二维码或登录复旦社云平台www.fudanyun.cn，查看视频、课件等资源，进行主动、深入的学习。

复旦社云平台
数字化教学支持说明

为提高教学服务水平，促进课程立体化建设，复旦大学出版社建设了“复旦社云平台”，为师生提供丰富的课程配套资源，可通过“电脑端”和“手机端”查看、获取。

【电脑端】

电脑端资源包括PPT课件、电子教案、习题答案、课程大纲、音频、视频等内容。可登录“复旦社云平台”（zhijiao. fudanyun. cn）浏览、下载。

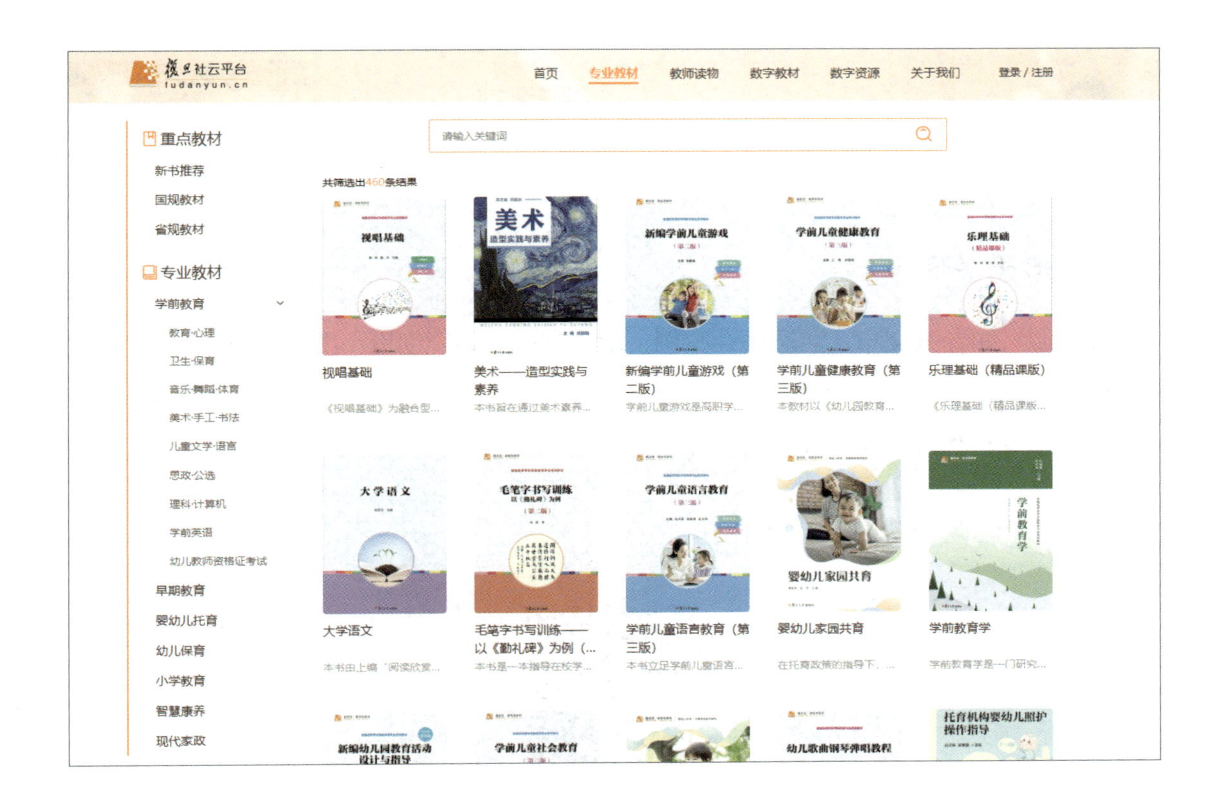

Step 1　登录网站“复旦社云平台”（zhijiao. fudanyun. cn），点击右上角“登录 / 注册”，使用手机号注册。

Step 2　在“搜索”栏输入相关书名，找到该书，点击进入。

Step 3　点击【配套资料】中的“下载”（首次使用需输入教师信息），即可下载。音频、视频内容可点击【数字资源】，搜索书名进行浏览。

【手机端】

PPT 课件、音视频、阅读材料：用微信扫描书中二维码即可浏览。

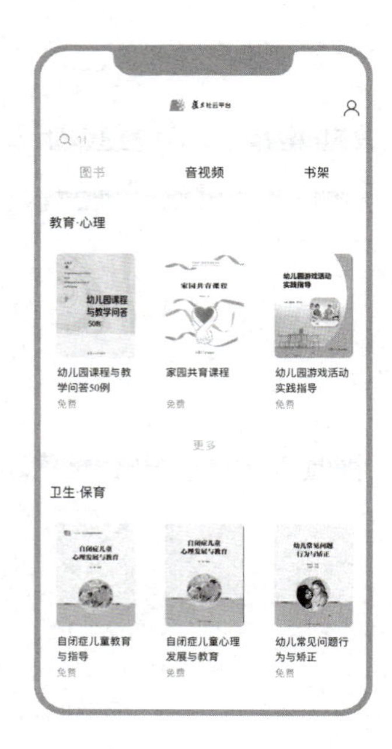

扫码浏览

【更多相关资源】

更多资源，如专家文章、活动设计案例、绘本阅读、环境创设、图书信息等，可关注“幼师宝”微信公众号，搜索、查阅。

平台技术支持热线：029-68518879。

“幼师宝”微信公众号

序言

XU YAN

依照《中共中央 国务院关于全面深化新时代教师队伍建设改革的意见》《教育部等五部门关于印发〈教师教育振兴行动计划(2018—2022年)〉的通知》《教育部关于加快建设高水平本科教育全面提高人才培养能力的意见》《教育部关于实施卓越教师培养计划2.0的意见》《新文科建设宣言》等文件的精神,新时代教师教育应致力于培养创新人才,提高教师教育质量,夯实师范生人文基础,结合专业教育推进课程思政建设,不断提升师德教育的针对性和实效性,更新课程体系和教学内容,提高实践教学质量,构建以师范生为中心的教育教学新形态。正是在新时代教师教育的新形势、新目标、新任务感召下,学前教育专业新版美术教材编写工作启动,并在以下三个方面做出尝试与探索。

首先,按照《高等学校课程思政建设指导纲要》"把思想政治教育贯穿人才培养体系,全面推进高校课程思政建设,发挥好每门课程的育人作用,提高高校人才培养质量"的要求,本套教材基于美术所蕴含的思政元素,将思想政治教育贯穿其中,突出教学和课堂育德,培育爱国守法、规范从教的职业操守,在润物细无声中强化"学为人师,行为世范"的职业理想,以及传道情怀和授业底蕴,并使之逐步成为师范生的职业自觉。

其次,本套教材以《教师教育课程标准(试行)》《幼儿园教师专业标准(试行)》为指引,贯穿专业认证基本理念、《学前教育专业师范生教师职业能力标准(试行)》的基本要求,坚持育人为本、实践导向,厚基础、强能力,依据美术课程和内容中的幼儿园教师职业素养要求,力图在帮助师范生感知美、表现美、创造美的过程中,回答"教什么,怎么教,培养什么人;学什么,如何学,怎样用"等问题。一方面,美术课程的目的是空间造型及美术语言的学习掌握和艺术素养的习得;另一方面,作为学前教育专业课程,美术课程的目标是帮助师范生掌握幼儿园艺术(美术)领域教育的基本知识(相应的艺术欣赏与表现知识),美术教育的执业能力及在保教实践中的迁移能力,重点关注的是幼儿园教师职业所需要的美术实践能力的培养与提高。换言之,学前教育专业美术教材既要反映美术学科的知识技能、研究与实践成果,又要体现幼儿园教师教育的课程理念、内容与方法,以此引导师范生"树立正确的专业理想,掌握必备的知识与技能,养成独立思考和自主学习的习惯""主动建构教育知识,发展实践能力""加深专业理解,更新知识结构,形成终身学习和应对挑战的能力"。

最后，根据专业人才培养要求，教材编写突破了传统美术学科体系框架，紧紧抓住课程这一最基础、最关键的要素，推动学前教育专业美术教学内容更新，将具有中国特色的学前教育新理论、美术实践新成果和幼儿园保教实践新经验编入教材、引入课堂，转化为优质教学资源，培养师范生的知识融通能力和审美实践能力。

本套教材共三册，涵盖学前教育专业美术教学的基本内容与要求。其中，既有美术学科的基础知识和技能训练，也有幼儿园教师必备的与幼儿园保教实践紧密联系的教育技能与训练；既注重美术学科的教育性和审美性，也关注师范生的教师职业能力的养成，同时兼具一定的拓展性和灵活性。教学实践中，广大师生不仅要研究教材、教法和学法，还要研读《教师教育课程标准（试行）》和《幼儿园教师专业标准（试行）》，研究师范生的学习特点、幼儿园艺术教育和教育环境创设，让美术课程教与学的目标更精准，过程更有效，结果更令人满意。

本套教材是在各参编院校领导的关怀指导、师生的大力支持下完成的。对此，我们表示衷心的感谢！虽然教材在内容和形式上结合幼儿园教师教育特点和规律做了一些尝试与探索，但受编者能力所限，不足与疏漏之处在所难免，敬请广大师生批评指正，以便编者及时改正。

本教材编写组

前言

QIAN YAN

本书是在前两册美术基础知识与表现技能学习的基础上，根据学前教育专业师范生培养要求和幼儿园保教内容与要求，结合幼儿园教师工作实际和美术学科特点，以审美、创作、应用、实践、创新为价值目标，进一步拓展并强化学会教学、学会育人及师德践行能力和专业发展意识，目的是培养师范生感受与欣赏、表现与创造、育人与自我专业提升互促共进的实践和创新能力。

具体而言，本书包括以下内容。

第一单元“自然物材料造型”和第二单元“人造物材料造型”，主要帮助师范生认识、了解生活中自然物和人造物材料特有的色彩、形态、质感、肌理等美的元素，并通过合理的造型加工手段和艺术表现，展现其特有的美感和造型意趣。同时能够在掌握基本的造型手段和经验的基础上，运用举一反三和迁移创新的方式，创作出多元的艺术样式和形象，并应用于幼儿园保教和环境创设实践之中。此外，还列举了自然物与人造物造型的经典作品，目的在于通过欣赏自然物与人造物的造型之美，提升师范生的审美眼光和艺术修养，借鉴自然物与人造物的造型手法与特点、体悟其造型之美，进而丰富审美体验与审美经验，并将所学运用于保教实践和幼儿发展的实践中去。

第三单元“创意绘本设计与制作”，引领师范生基于先期所学美术知识和文学素养，通过经典绘本赏析，了解不同画种、风格的绘本之美，了解不同材料与形式的视觉效果，以及各类绘本的创意之处。重点介绍并学习绘本的角色形象设计与绘制、形式与方法、装帧与制作步骤等内容。同时，通过案例引导师范生掌握绘本在幼儿园保教活动和环境创设中的具体应用，助力师范生专业能力的提升。

第四单元“生活中的美与幼儿美术”，首先根据幼儿园“能初步感受并喜爱环境、生活和艺术中的美”的艺术领域目标和内容要求，阐述了生活环境中的美术与美术现象，目的在于帮助师范生充分理解幼儿的认知特点和学习方式，学会按照幼儿的身心发展特点和成长规律，在大自然和社会文化生活中使幼儿萌发对美的感受和体验。在此基础上，对幼儿美术行为与作品进行了解读，并辅以实际案例说明，以帮助师范生理解和体验幼儿独特的笔触、动作和语言往往蕴含着丰富的想象与情感，其造型语言与表达表现的方式是多元、丰富的，进而理解、支持幼儿用心灵去感受和发现美，用自己的方式去表现和创造美。

第五单元“当代造型艺术欣赏”，横向联系《美术——造型基础与表现》《美术——造型拓展与应用》两册的欣赏内容，纵向串联本册各单元的学习内容，使师范生获得相对系统的美术知识和美术表达表现能力。本单元重点介绍了中西方当代造型艺术的形式、特点和艺术观，支持师范生了解生活环境、经济社会发展与地域文化对当代艺术的影响，体会当代造型艺术与学前教育课程之间的内在联系，并通过加工、改造、丰富等手段运用于幼儿园艺术领域，启迪幼儿艺术思维，支持幼儿全面发展。

本书编写分工如下。第一单元由山东外国语职业技术大学胡郁珮、上海工商外国语职业学院吴媛媛、唐山幼儿师范高等专科学校李素艳、洛阳市特殊教育中心学校申玉洁和四川省彝文学校何苗等老师编写。第二单元由胡郁珮、申玉洁、李素艳和河北省玉田县玉田镇教育办公室江云等老师编写。第三单元的第一节、第二节由温州大学教育学院陈铿和赤峰第一职业中等专业学校刘映岐、贾晗以及聊城幼儿师范学校郭帅老师编写，第三节由赤峰第一职业中等专业学校赵江涛老师编写。第四单元由唐山幼儿师范高等专科学校李素艳、阚巍老师编写。第五单元由宁夏幼儿师范高等专科学校王涛老师编写。

本书是所有参编教师共同努力的结果、集体智慧的结晶，是在编写教师所在学校领导的支持、指导下完成的。在这里，我们对学校、学校领导和所有支持帮助过我们的单位、个人表示衷心感谢！

由于编写人员多为中青年教师，加之学识、能力有限，有疏漏之处在所难免，恳请师生在使用过程中提出宝贵意见，以便以后加以修订和完善。

编　者

目录

MU LU

第一单元
自然物材料造型

学习目标

1. 了解并掌握自然物材料肌理、质感、形态与色彩等的特点与表现技法。
2. 掌握拼贴、印拓、彩绘等平面造型，以及因材施艺、捏塑赋形、切割重构创型等立体造型的表现方法与形式。
3. 通过欣赏优秀的自然物平面造型和立体造型艺术作品，体会其材质与造型之美，进一步丰富审美经验，提升创造美的能力。
4. 掌握自然物材料的表现特点和造型方式，并根据已有创作经验、审美知识与审美经验，结合区域资源加以拓展，将其有机融入幼儿园艺术领域或其他教育活动设计和教育环境创设之中。

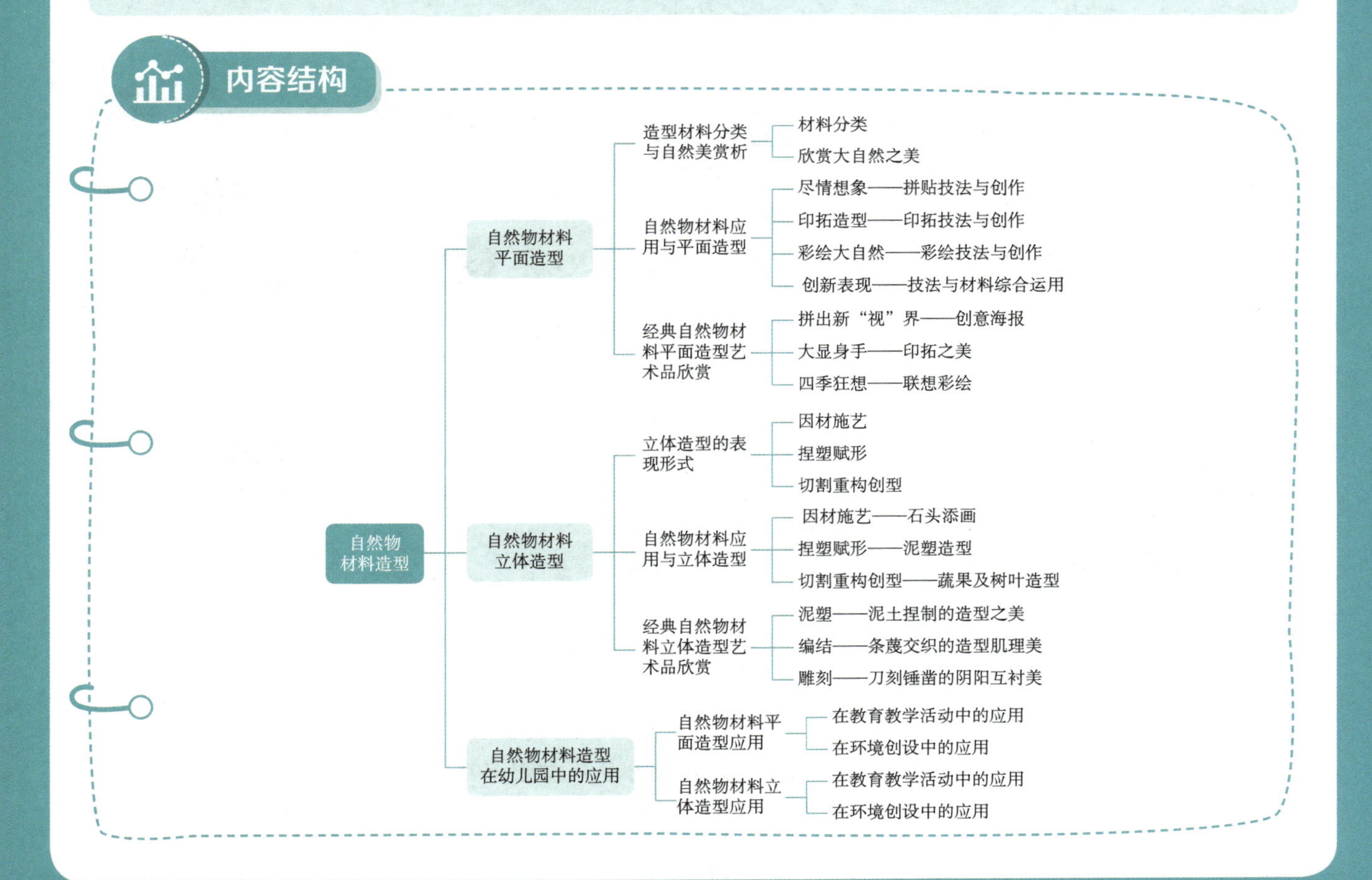

大自然中有形形色色、丰富多样、取之不尽的材料。这些材料是体验和感知生活美的主要媒介。

自然物造型实践的意义在于以探索、想象、实验的方式与材料及其表现技法展开互动，从而塑造并建构出崭新的艺术形象。学习和掌握一定的造型表现形式和技法，是学前教育专业师范生的专业技能要求之一，也是展现“艺术领域教育活动计划与实施”“环境创设与利用”等专业能力的必备技能。

第一节　自然物材料平面造型

平面造型也称平面构成，它是在二维平面上利用点、线、面等形态要素，按照形式美的规律进行编排组合，进而形成新形象或新画面的造型艺术。

一、造型材料分类与欣赏大自然之美

只有对材料的分类和特点有所了解，才能在造型实践中加以合理利用。以下造型材料分类包括自然物材料和人造物材料，第二单元的人造物造型中不再赘述。

（一）材料分类

根据材料的形态，自然物、人造物可分为点状材料、线状材料、面状材料、块状材料。

1. 点状材料

点状材料是指体积小、所占面积小的材料。自然物点状材料有石子、沙子、各种谷物等（图 1－1－1），人造物点状材料有碎纸屑、珠子、纽扣、图钉、碎蛋壳等（图 1－1－2）。点状材料是平面造型的最基本材料，其丰富的质感和多样的颜色，易于创造出多种多样的造型肌理。

▲ 图 1－1－1　自然物点状材料

▲ 图 1－1－2　人造物点状材料

2. 线状材料

线状材料是指比较细且长的材料。线状材料的种类和色彩都很丰富，对形象塑造，特别是形象轮廓塑造具有决定性的作用。自然物线状材料有麦秆、柳条、树枝等（图 1－1－3），人造物线状材料有毛线、纸条、绳索、电线、胶绳、筷子、雪糕棒等(图1-1-4),这些都是造型中常用的材料。

▲ 图1-1-3 自然物线状材料

▲ 图1-1-4 人造物线状材料

3. 面状材料

面状材料是指相对于点、线来说的面积较大的材料,它有长度和宽度的变化。自然物面状材料包括树皮、树叶、果皮等(图1-1-5),人造物面状材料有纸、木板、金属板、塑料板等(图1-1-6)。

▲ 图1-1-5 自然物面状材料

▲ 图1-1-6 人造物面状材料

4. 块状材料

块状材料是指占有一定体积的材料。在造型实践中，块状材料可以用“加法”或“减法”的方式创造出新的造型。自然物块状材料有泥土、木头、石头、瓜果等(图 1－1－7)，人造物块状材料有橡皮块、海绵块、积木等(图 1－1－8)。

▲ 图 1－1－7　自然物块状材料

▲ 图 1－1－8　人造物块状材料

自然物材料的纹理、质地具有天然性，造型多样，表现内涵丰富，人们常利用其独特性或既定的造型进行创意表现。由于自然物材料在日常生活中极为常见且易得，适合幼儿操作、学习，因此，师范生在实践中应充分利用自然材料的丰富性和造型性，并将其广泛地运用到保教实践中。

（二）欣赏大自然之美

古希腊哲学家亚里士多德说：“大自然的每个领域都是美妙绝伦的。”蓊郁的山林、无垠的海天、浩瀚的苍穹，为大自然描绘出壮阔的景象、丰盈的色调与百变的造型；斑斓四季、芬芳花草、虫鸟走兽、潺潺流水，则为大自然编织出感官的盛宴。当我们看、听、闻、触自然界中的点点滴滴，用感官和美的法则体验和欣赏自然界的外显之美，可以获得更深层的体会，由“心”窥见蕴藏其中的内隐之美，涌现如同陶渊明《饮酒》诗中叙述的“采菊东篱下，悠然见南山。山气日夕佳，飞鸟相与还。此中有真意，欲辨已忘言”之感。

感官和美的法则是我们审视与体验自然之美的途径和遵循的原则，它包含均衡、和谐、对比、渐层、比例、韵律、反复、强调、秩序、统一、单纯。这些审美法则，能指引我们欣赏、感受与理解物象的美感及成因，成为创作与欣赏艺术品之美的参照要素。①

美的事物通常包含数种美的法则，即整体的完美表现，我们因审视美的事物而生成的情感，会因个人的认知、经验、思维而有别。换言之，美的法则是认识美、理解美、评价美的共通性原则，因美而生的情感则因人而异。因此，了解美的法则，进而对美产生深刻的认识与感受，接纳与欣赏他人对美的体悟等，也是师范生所应必备的审美素养和职业素养。

下面以德国摄影师德克·科特姆(Dirk Kortüm)的摄影作品为例，来感受、体悟、欣赏自然物之美。

1. 对称均衡、单纯和谐

《自然的结构图样》(图 1－1－9)，橘红色的叶片上，沿着中轴线向左右有序排列的叶脉，其左右一致

① 丘永福，张素卿，黎晓鹃. 基础设计[M]. 台湾：台湾艺术教育馆，2006：84.

的对称线条，形成视觉上的均衡性与秩序感，为对称均衡（亦称“形式的均衡”）。作品中央的橘红色叶片，与数片同为暖橘色、造型相近的叶子相衬，营造出主题明确单一、色彩与造型一致的“单纯”之美；相近的色彩与造型，营造出调和、融合的“和谐”之感。

2. 和谐、均衡，辐射、渐变

《微小之美》（图 1-1-10），作品中的花朵以圆弧造型和橘色调的花瓣，形成造型与色彩的“和谐、均衡”美，其花心由内而外均匀、渐进式地呈放射状展开，使如太阳璀璨光芒般的花蕊，形成上、下、左、右的辐射性对称和具有开放性的动感，尤其是舒展的橘红、橘黄、明黄色渐进交织的花瓣，呈现出色彩上的交融和渐进变化，充分展现出“辐射、渐变”的艺术之美。

这种以“小”“微”为切入点来表现自然的视角，为广大师范生感受、欣赏自然之美，包括入职后对幼儿审美活动的支持与引领都具有启发意义。

图 1-1-9 《自然的结构图样》 ［德］科特姆

图 1-1-10 《微小之美》 ［德］科特姆

图 1-1-9 与图 1-1-10 都具有内容、造型与色彩上的“单纯”之美。

3. 渐层、韵律，反复、和谐

《盛开的礼物》（图 1-1-11）中繁复的紫色小花苞，往枝芽上端逐渐变小，聚合成花串。造型相近的小花苞，由大而小反复地、秩序性地排列，具有造型上的“单纯”“渐层”与“反复”之美（图 1-1-10 为色彩的渐层之美）；这种渐层形式，带来了视觉上的韵律感。小花苞相近的造型与色彩，以及秩序性、反复性的排列方式，形成“和谐”之美。

图 1-1-11 《盛开的礼物》 ［德］科特姆

4. 单纯、和谐、韵律、反复、统一

《50 种紫色色调》（图 1-1-12），向阳盛开的紫色花朵，或聚或散地伫立于如茵的草地上，像是落在碧绿五线谱上的音符，错落有致地奏出自然之乐。

造型与色彩一致、聚散排列、连续盛开的数朵花儿，充满了“单纯”、形色“和谐”、排列“韵律”与“反复”之美，带给观赏者单纯、明确、融合、律动与规律的感觉，以及鲜明、清晰的视觉印象。让繁多的花儿彼此协调一致、相互呼应地盛开在茎叶交错的绿地上，构成内容丰富却不杂乱且具有整体感的景象，形成了“统一”之美。

5. 对比、均衡、虚实相应、反复、统一

《宁静的心》(图1-1-13)，成排的秋林滨水而立，在湖面投映出倒影，渲染出宁静的景象。湖面上悠游的水鸭，划出盈盈水波，像是为静谧的大自然带来悠扬的琴音。

作品中秋林与倒影形成对称，具有均衡之美。造型与色彩一致，一字排开的“虚实相应”的树林构成形色上的“单纯”与“和谐”，排列上的“反复”与“秩序”性，景象具有协调呼应的“统一”之美。此外，画面中央的墨黑山坡与上下净白的天空与湖面，构成色彩上的对比，带给观赏者强烈的感官冲击，犹如聆听低音与高音交替的大自然乐曲。

▲ 图1-1-12 《50种紫色色调》 [德]科特姆

▲ 图1-1-13 《宁静的心》 [德]科特姆

6. 动静相宜，对比、强调，反复、渐层，单纯、和谐

《乳状的荒野》(图1-1-14)中，湍流的小溪中，散布着大小不一、造型相近、黑白色与寒色系相间的石头。画面中潺潺流淌的河水，泛起微扬起伏的迷蒙水波；错落有致的卵石，稳固、坚实地拥抱着流水；涓流的河水与坚硬的卵石，交织成“动静相宜”的美好画面，在形体和意象上构成柔美与刚健的“对比”。

细看画面，水波纹与石头构成造型上的“反复”出现、内容上的“单纯”、色彩上的“和谐”。层层波动的水纹具有色彩的“渐层”之美，律动的水波与错落的石头构成“韵律”之美。

▲ 图1-1-14 《乳状的荒野》 [德]科特姆

美的法则引导我们深入欣赏大自然中的美，了解美的形式与体会美的意境。当我们用心去倾听大自然之乐，去看美妙绝伦的景色，就能沉浸在外显和内隐之美中，体悟美的真意。

二、自然物材料应用与平面造型

自然物具有独特的美感、天然的物理特性以及多样性的结构，成为平面造型的重要媒材，且在幼儿园

中的应用十分广泛。下面将从知识和技能层面探讨与分享自然物材料的造型表现及实践案例,以此引领并践行美术教学的"实践导向"。

前文是对自然物的形态、性质及特点、用途的分析,旨在引导师范生通过观察与比较,发掘和利用大自然中的材料,并依据造型需要选择合适的点、线、面形态材料开展造型活动,以此支持幼儿创作与幼儿发展的能力。

拼贴、盖印、彩绘为平面造型中最基础的表现形式,通过运用不同的工具和表现技法,不仅能展现自然物材料的美感,还能培养师范生对自然物"随形赋彩、依形联想"的创造力,呈现自然物的另一种样貌。

(一) 尽情想象——拼贴技法与创作

拼贴是指选择生活中各种常见的物质材料作为创作素材,利用其独特的材质、肌理以及色彩上的万千变化,通过组合、拼接、粘贴等方法制作而成。拼贴画可以表现的内容和范围很广,无论是具象形式还是抽象意境,都可以通过创意拼贴画完成塑形。

1. 类推联想创造新造型

通过多重感官感知与体会自然物的肌理、色彩和形态特点,例如看一看、摸一摸、想一想,像什么?换个方向,从不同角度看一看,像什么?将材料相互组合在一起会变成什么?拼接、相叠之后看起来像什么?运用这样的思考方式进行形象造型和肌理造型联想,改变自然物原有的形态,使其扩展或更新成新的视觉形象。如图 1-1-15 就是通过对蔬果食材的色彩、形态、纹理的类推联想,将其拼组成新的造型,不仅可以展现自然物朴实的原貌,还将其特有的纹理、形色特点巧妙地融合于新的形象中,创造出丰富的视觉形象。

图 1-1-15 类推联想法自然物拼贴

2. 根据材料自身特点组合重构

依照自然物的点、线、面形态以及形体、色彩、纹理、质感的特点加以类推联想,并运用美的法则拼组造型、构成画面,展现自然物特有的造型,通过创新的造型样貌赋予自然物新内涵。如图 1-1-16,由左至右三幅作品分别具有构图上的非对称均衡、韵律、对称之美。此外,中间的作品由数片绿叶反复拼接成曲线型的龙身,具有色彩的"单纯""统一"之美与造型上的"反复""韵律"之美。

图 1-1-16 运用美、拼贴美

3. 自然物拼贴创作活动

植物、种子、石头、贝壳、羽毛等自然物，皆能作为拼贴画的媒材，不仅能丰富画面，也能增加创作乐趣。下面介绍植物拼贴画的创作活动与作品。

（1）植物拼贴

植物拼贴是指根据不同植物叶片上的纹路与颜色，将叶片组合、拼接出图案，然后贴在背景画纸上的美术作品。植物拼贴画除了可以利用不同样式、不同颜色的叶片外，还可以利用植物的花朵、茎、干、果实等材料制作，使画面效果更富创意、更具趣味性，例如英国艺术家海伦·阿普尔西里（Helen Ahpornsiri）的植物拼贴作品。

（2）植物拼贴创作活动

案例：拼贴自然之美。

工具材料：剪刀、美工刀、白乳胶、固体胶、水粉颜料、油画棒、水彩笔等，卡纸、有厚度的布类、木板或石板等，树叶、树枝、花草等植物类材料，自画像照片。

创作过程：

步骤一 感受与欣赏。首先运用感官知觉触摸树叶的纹理，观察其形状、色彩，以及嗅闻其气味，依据感受与生活经验进行联想，引发想象力和感性的思维，进而能随形、随色联想并“以物表情”，创造出有个性的作品。例如：叶片的造型像兔子的肢体、鸡的尾巴和爪子、鱼尾和鱼鳍（图 1－1－17）；树叶上凸起的叶脉，像是地面上蜿蜒的小河；秋叶黄橘交错的色彩，像是太阳下山时用水粉颜料泼洒出的云彩；树叶清淡的气味，像是森林里的精灵送给人类的礼物；等等。

▲ 图 1－1－17 植物拼贴画

步骤二 表现与创造。将植物类材料在画纸上拼组出欲表达的物象，并依物象的造型特征，选择合适的自然物作为象征性的表征，例如观察到叶子的颜色与拼组出的造型像刺猬身上的层层尖刺（图 1－1－18），则保留、呈现自然物原有形态和色彩。亦可依造型需求，将材料做适当的剪裁，例如将树叶对折剪成花瓶，再搭配仿如花朵造型的叶子，即成为具有崭新意义的图像（图 1－1－19）。

▲ 图 1－1－18 树叶拼贴作品

▲ 图 1-1-19　植物裁剪拼贴

物象的大致形体确定后，就要进行粘贴。最后可适当运用水粉颜料、油画棒、水彩笔等，添加、描绘细节（图 1-1-20）。

▲ 图 1-1-20　拼贴画《树枝上的猫头鹰》

（二）印拓造型——印拓技法与创作

这里的印拓包括两层含义、两个方面的造型技法。一个是印，即在纸面或其他平面上留下自然物的纹理或形状痕迹；一个是拓，就是将自然物的纹理或形状摹印在纸张或其他平面上。

1. 印拓基本步骤与技法

利用自然物天然的纹理进行有目的的印拓，能呈现并复制纹理之美，留下美的印记。其基本步骤与技法如下。

第一，选择并准备可以用于印或拓的自然材料，如叶脉突出的植物叶、花瓣，洋葱或莲藕的横切面，以及青菜或娃娃菜的根部横切面。

第二，将颜料均匀涂抹在自然物清晰的纹理或横切面上，其主要技法有二。一是用自然物横切面直接蘸取颜料。具体做法是在色盘内放置数张吸水性较好的纸巾，将纸巾打湿使其湿透，但不要有积水；在纸巾上加颜料，再用揉成团状的纸巾轻轻盖压颜料，使颜料均匀扩散、晕染，形成自制的印台。接着将自然物横断面置于纸巾上轻轻按压、蘸取颜料，使颜料均匀附着其上，然后将蘸了颜料的横切面按压在纸面上。这种方法类似于日常生活中的盖印，也称盖印法。需注意的是，蘸取的颜色应均匀，且不宜过厚、过浓，以使自然物肌理特别是细节得以充分显现（图 1-1-21）。二是直接用笔或刷子在自然物叶面或截面上刷上浓稠度适宜的颜料。为使其色彩更加丰富和具有表现力，也可以在同一个纹理面上涂刷不同的色彩，创作出比较丰富的、多样的纹理或造型（图 1-1-22）。

▲ 图 1-1-21　直接蘸取颜料法

▲ 图 1-1-22　直接刷上颜料法

视频
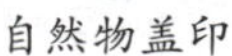
自然物盖印

由于自然物的横切面和纵切面的纹理不同，我们在观察、选取切面时也有所不同，加之印拓有单次印、重复印和套色印等不同表现手法（图 1-1-23），其印拓和造型效果也不同。这一技法在幼儿园运用十分广泛。

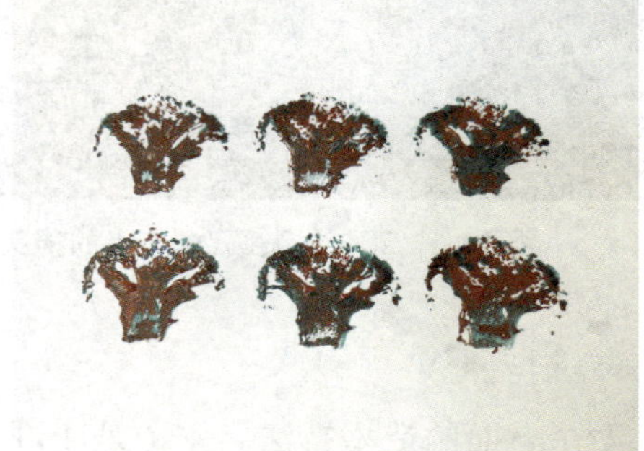

▲ 图 1-1-23　单次、重复、套色盖印

2. 趣味印拓

具有明显纹理的自然物，如蔬果的横或纵切面以及人的手与脚，皆能印拓出独特的纹样与造型。

例如以肢体为印拓物进行趣味印拓活动。可以直接用手或脚，包括手指、指尖、手掌、手背、脚掌等，蘸取适当的颜料，结合律动游戏与奥尔夫音乐，运用不同的手势、肢体动作，手与脚并用进行创作，不仅能展现肢体造型之美，亦能在动作变化与音乐旋律中，享受创作与想象的乐趣。

肢体趣味印拓基本技法主要有以下 3 种。

点触法：用手指的指尖蘸色后在纸上进行点按，画出类似圆点的图形（图 1-1-24）。平按法：用手指的指节或手掌蘸色后平按在纸上，形成椭圆形或掌形的形状（图 1-1-25）。拖画法：手指蘸色后在画面上进行拖、拽的动作，“画”出较粗的线条（图 1-1-26）。

▲ 图 1-1-24 手指点触法

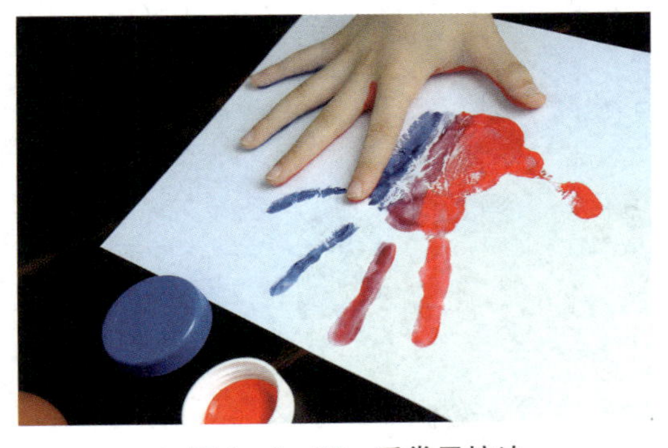

▲ 图 1-1-25 手掌平按法

▲ 图 1-1-26 手指拖画法

3. 肢体印拓创作活动

案例：手指小情景。

工具材料：水粉颜料、调色盘、卫生纸、水彩笔、卡纸、白纸等。

创作过程：

步骤一 感受与欣赏。首先以多重感官感受与观察印拓的轻重、形状、色彩及肌理所形成的特点，再根据特点与印拓出的造型进行联想。例如：手指的点造型像青蛙的脑袋和香蒲棒，手指印记上的纹路像动物的毛发，一个一个连接起来的手指点像毛毛虫（图 1-1-27），等等。同样，手掌、脚掌、胳膊等都可以进行印拓，从中感受并欣赏自身肢体所带来的造型美。

▲ 图 1-1-27 手指印拓 薛诗彤

▲ 图 1-1-28　手指印拓小情景　薛诗彤

步骤二　表现与创造。将印拓出的造型加以联想，添加细节与造型特征，创造出具象的形体后，将各个具象的形体组织、安排成具有角色、场景、情节等内容的故事性作品（图 1-1-28）。

此外，不仅可以在纸上进行创作，还可以在叶子、花瓣等自然物上进行创作，以保留、呈现自然物原有形态和色彩，亦可根据造型需求，将材料做适当的剪裁。

（三）彩绘大自然——彩绘技法与创作

彩绘一般是指器物、建筑物等物体上的彩色图画，这种艺术表现形式在我国具有悠久的历史，被广泛应用在建筑、木雕、漆器、陶器、扇子等器物上，具有形象生动、内容丰富等特点，且富于艺术感染力。

1. 彩绘创作基本方法

以自然物为画布，用画笔进行想象彩绘，能创造出自然物的另一种样貌，呈现出艺术表现手法的多样性。

彩绘使用的颜料主要以丙烯为主，也可采用油画棒、水粉等绘画颜料，彩绘工具有粉蜡笔、海绵、水彩笔、毛笔等。

在自然物上做彩绘，以浓彩和干笔为主，可以呈现具体的点、线、面造型（图 1-1-29）。

▲ 图 1-1-29　叶子彩绘

2. 彩绘创造自然之美

运用彩绘的手法进行创作，主要有两种方法。一是联想彩绘，例如将树叶的造型或色彩联想成具象的事物，以彩绘的手法表现其特征，或是在树叶上彩绘出图像，使其转变成新的物件（图 1-1-30）；二是装饰彩绘，例如在树叶或花瓣上彩绘出线条、几何形或图像，使其成为具有装饰性的图纹（图 1-1-31）。

▲ 图 1-1-30　叶子联想彩绘

▲ 图 1－1－31　花瓣彩绘　路颂贤

3. 彩绘创作活动

案例：彩绘自然之趣。

工具材料：水粉颜料或丙烯颜料，水粉笔、勾线笔等，枯树叶。

创作过程：

步骤一　感受与欣赏。首先通过感官知觉感受与观察枯树叶的肌理与造型，根据感知到的特点进行联想，然后再进一步欣赏经典自然物艺术品（详见 P14“三、经典自然物材料平面造型艺术品欣赏”中的作品），激发更多的创意思维。

步骤二　表现与创造。可将枯叶当成画布进行绘画，创作出像波兰插画师乔安娜·韦拉札（Joanna Wirazka）的彩绘作品，或是运用联想彩绘法，将感知到的肌理与造型加以联想，添加、描绘细节与特征，创造出具象的事物。例如：把树叶本身当作某个小动物，用画笔添加五官和身体（图 1－1－32 左图）；抑或运用装饰彩绘法，在数片叶子上彩绘出由点、线、面构成的装饰性图样，再组合到一起，形成组合作品（图 1－1－32 右图）。

▲ 图 1－1－32　彩绘叶子——动物

（四）创新表现——技法与材料综合运用

创新表现，即在掌握前三种技法后，综合生活实践经验与画面所需的效果进行创新。

1. 技法综合运用

例如：拼贴结合印拓技法。先在纸上用印拓的技法拓印出不同颜色的纹理图样，再通过裁剪的方法裁出所需要的形状，再将各个形状拼组、粘贴出新的造型，形成纹理与图样丰富的拼贴作品，如英国克莱尔·扬斯（Clare Youngs）的拼贴作品。

2. 材料与技法综合运用

材料与技法综合运用，即运用不同的技法，结合不同的材料进行创作。例如：真实的树叶搭配印拓的叶脉图样，再以彩绘的方式增添细节，运用不同技法及不同的材料，创作出具有丰富肌理和质感的表现形式。

综上所述，点、线、面形态的自然物材料，通过拼贴、印拓、彩绘的创作形式，能展现出不同的样貌，呈现不同的美。例如：叶子拼贴画、手指与叶子盖印画、叶子彩绘，分别表现出造型的趣味性、造型与纹理之美、再造自然物的巧思。

此外，对师范生而言，运用自然物材料进行拼贴、印拓、彩绘，以艺术的形式扩张、映现与再创自然物的样貌，不仅能体验艺术创作形式的多样性与乐趣，亦能从中深入感受自然物材料的独特造型、纹理与色彩之美，以及培养依自然物形体和肌理加以联想、造型、赋彩，应用与创造自然物的能力。

三、经典自然物材料平面造型艺术品欣赏

通过欣赏自然物材料平面造型的经典艺术品，不仅能提升师范生的审美素养，加深其对生活和环境中美的理解与认识，还有助于提高师范生未来创设教育环境与营造美感情境的能力。

（一）拼出新“视”界——创意海报

下面这两件作品（图 1－1－33）是美国马里兰州巴尔的摩国家水族馆的海报。墨黑为底的海报，凸显着由海底生物图片拼组出的逗趣表情，各式不同的生物以各种姿态，化身为造型独特的五官。

海报的巧妙之处在于既可远观亦可近看。远观时，生动自然、趣味十足的表情，吸引着观赏者的目光；近看后，各个自然物的特有样貌跃于眼前。创作者根据生物的造型进行联想并将其相互拼组，让条状的热带鱼、拥抱小丑鱼的海葵和寄居蟹（图 1－1－33），分别变成眉毛与眼睛。扭动身躯、呈现圆弧状的鱼儿，以及长满突触的葵类生物（图 1－1－33），变换为嘴唇，流露着微笑和似乎欲言又止的表情。创作者以创意思维展现了海底生物之美、创新的意象以及艺术的趣味性。

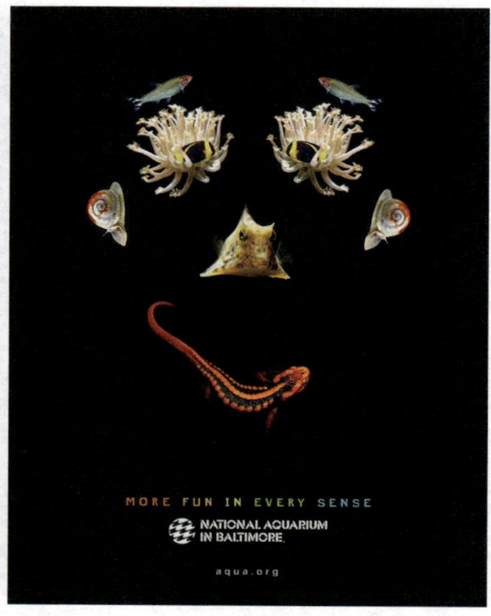

▲ 图 1－1－33 更多的乐趣在各种意义中(More Fun In Every Sense)

（二）大显身手——印拓之美

《手印树》（图 1－1－34）是仿作于英国地景艺术家理查德·隆恩（Richard Long）的作品，运用了肢体盖印技法。地景艺术，亦称大地艺术、环境艺术，起源于 20 世纪六七十年代的美国。此派主张艺术取材于自然，最终回归自然，强调艺术与自然的和谐联结，唤醒人类对自然之美的珍视。[①] 艺术家们选用岩石、

---

① 林右正. 公共艺术形态研究[C]//2012 视觉艺术“跨界”研讨会论文集. 台湾屏东市：屏东教育大学，2012：368－378.

土壤、植物、冰块、河海为创作材料，以大自然环境为画布，在森林、高原、沙漠、湖泊、极地里创作，借此扩大艺术的定义，展示空间的界限。此类艺术作品是非永久性的，会随着自然环境的变迁而流逝或改变，最后消逝于环境中（大地艺术品欣赏可参阅第五单元第五节相关内容）。因此，艺术家们会以照片、录像、文档、手稿等图像或文本形式记录作品，作为重建艺术品，协助观赏者对作品产生想象、互动与深入联结。

▲ 图 1－1－34 《手印树》 张琇雯

源于上述地景艺术观与创作形式，理查德·隆恩认为：身为自然的守护者，而非开发者，应该运用自然界中最原始的材料与人性化的衡量，倾听岩石的乐曲，探寻足迹之径，沉睡于咆哮的河边，在真实的地景中创作；以最简洁的造型、“轻轻地触摸大地”的创作手法，引导观赏者对艺术与自然间的联结关系能有深度的省思。①

《泥手圈》②与《无题——手螺旋》③为手掌盖印出的纹样图像。两件作品取材于自然物（即人的手掌），采用盖印的方式，呈现自然物原始的形态。盖印的纹样分别以规律性的放射状与环状排列，展现简洁、规律秩序、反复循环、韵律、统一之美。画作的极简风格，流露着理查德·隆恩以“完美的圆或规整的几何形”④之简洁、更富有力量和说服力的视觉效果，呈现出创造与处理世界新方法的艺术观。

（三）四季狂想——联想彩绘

以下 4 件作品（图 1－1－35 至图 1－1－38）为写实中带有想象性、造型新奇且独特的人物肖像画，是文艺复兴时期的意大利宫廷肖像画家朱塞佩·阿尔钦博托（Giuseppe Arcimboldo）的著名画作。⑤

阿尔钦博托擅长运用天马行空的幻想、写实性的描绘手法，将生活中的物品，例如书本、蔬果等，组合、转变为另一种物象，超越物品原有意义，赋予其新意。其独出心裁的创意思维、写实与想象兼具的表现风格，受到“推崇复兴古罗马时期写实性手法”，以及“迷恋谜题、奇异事物，追求新奇审美情趣”的文艺复兴时期人们的欢迎。

▲ 图 1－1－35 《春》
［意大利］朱塞佩·阿尔钦博托

▲ 图 1－1－36 《夏》
［意大利］朱塞佩·阿尔钦博托

①② Richard Long official website. Richard Long [EB/OL]. [2024－08－17]. http://www.richardlong.org/.

③ Richard Long official website. Documentary [EB/OL]. [2024－08－17]. http://www.richardlong.org/documentary.html.

④ 伦敦艺术大学.著名环境艺术家、雕塑家：理查德·隆恩 Richard Long [EB/OL]. [2024－08－17]. http://www.artsuniversity.com.hk/school-view-155.html.

⑤ The art story. Giuseppe Arcimboldo [EB/OL]. [2024－08－17]. https://www.theartstory.org/artist/arcimboldo-giuseppe/.

《春》(图 1-1-35)描绘的是由多样性的花卉、果实拼组成的女性侧面像。画中人物的眼皮、眼珠、嘴唇等五官以及脸部,由柔美色调和优雅造型的花朵与浆果构成;成串的白色雏菊围绕于颈部,成为雅致的衣领;人物上半身覆盖各种绿意盎然的叶片,胸前缀饰一朵紫色鸢尾花。整体造型绚丽活泼、饶富春意。

《夏》(图 1-1-36)为缀满各式蔬菜和水果、面朝右方的女性侧面像。细看画作,鲜红欲滴的樱桃,垂坠在人物的发间,点缀成眼眸,化身为红唇;粉嫩的桃子则装点红颊;细长的黄瓜、椭圆状的茄子、羽穗般的麦穗,分别幻化成鼻子、耳朵与眉毛。由稻草编织而成的服饰,衣领上绣织着"朱塞佩·阿尔钦博托创作"(拉丁文 Giuseppe Arcimboldo F, F 代表 FECIT),肩上则有"1573 年"字样,人物胸前挺立着一朵朝鲜蓟。画作中,缀满丰富、饱满蔬果的头饰与面孔,以及造型典雅的服饰,传达着夏天农作物生长茂盛、结实累累的景象,以及丰裕殷实的寓意。

▲ 图 1-1-37 《秋》
[意大利]朱塞佩·阿尔钦博托

▲ 图 1-1-38 《冬》
[意大利]朱塞佩·阿尔钦博托

《秋》(图 1-1-37)描绘的是头戴南瓜帽的男性侧面像。画中的葡萄、南瓜等,逼真地呈现出卷曲的头发和胡须的质感;橘棕色的苹果与梨,构成坚实的脸颊与鼻子;栗子、石榴、蘑菇、无花果,分别化身为嘴唇、下巴、耳朵与耳环;捆着柳树枝、半毁坏的棕色木桶,装扮出男性饱受风霜仍坚毅的形象。画作的橘棕色调、秋天的果实,呈现出秋天硕果累累的景象,以及宁静温雅的氛围。

《冬》(图 1-1-38)呈现的是一位鸡皮发疏、老态龙钟的老人形象。画作中,历经风霜、布满皱褶纹理与粗糙树瘤的树干以及残枝疏叶,类比性的写实呈现出老人满面的皱纹、松垮的皮肤与稀疏的头发;树干上的窟窿,表现出晦暗不明的眼睛与垂垂老矣的耳朵;两片晦涩薄扁的蘑菇,构成老人干扁的双唇。

整幅作品中,垂挂在老人胸前的柠檬和橙子,是意大利唯一的冬季水果,其饱满的造型与鲜明的色彩,让垂暮的老人带有一丝生气,隐喻着迟暮之年仍有新生的希望与收获。披挂在老人身上的金黄色草席,编绣着"M"字样与皇冠图像,代表对皇室马克西米利安二世的回忆。此外,冬季是罗马日历一年当中的第一个季节,为四季中最重要的季节。因此,整幅画作,除了以迟暮的老人象征冬天的萧索,以及寓喻着经历风霜岁月历练而有所得益之外,亦是对尊贵皇室悠久历史的致敬。

身为宫廷画家的阿尔钦博托,为国王创作了这 4 件以四季蔬果组成的肖像作品。当我们远观时,欣赏到的是样貌奇异、造型截然不同、犹如虚幻世界中的人物肖像;近观时,则能观赏到写实、丰富的大自然之物。此种引起视觉上错觉、具有双重含义的表现手法——错视法,和美国巴尔的摩国家水族馆的海报(图 1-1-33)有异曲同工之妙。

阿尔钦博托根据自然物的造型、色彩与四季的意象表征,进行创意联想,运用彩绘的方式展现四季的景象与人物的风貌,大胆地将四季化身为男女老少,让自然物含有"隐藏的脸孔",为写实的古典绘画领域开启前所未有、令人耳目一新的表现形式与风格。

上述所有艺术品的创作者，运用拼贴、盖印、彩绘的方式，呈现出自然物的真实纹理与造型，或是创意性地转变其原有意义为新图像与新内涵，创造、更新出艺术的语境寓意与情境氛围，带领观赏者从不同的角度看见自然之美，指引我们以宽广的视野、创意的思维，探寻与再创自然新"视"界。

第二节　自然物材料立体造型

立体造型也称立体构成，它是由二维平面进入包含点、线、面和体的三维立体空间的构成表现，具有空间性、体量性的特点，可多角度欣赏。在平面造型学习基础上，立体造型需要理解物体的长、宽、高三个向度，并将形象塑造由二维空间转向三维空间。

一、立体造型的表现形式

自然物材料立体造型的表现形式主要有因材施艺、捏塑赋形、切割重构创型。

（一）因材施艺

因材施艺是指根据材料的性质、质地、外形或纹理等不同情况，特别是外部所呈现出的基本形态，而采用意象的、适形的加工与改造手法，进而达到"材尽其用""神似""形似"的造型目的。其造型材料丰富多样，而且想象空间大，既可一形多物也可一物多形，如石头、木头、水果、蔬菜、贝壳、瓶子、纸盒等。如图 1－2－1 所示的树枝昆虫，就是充分利用了树枝的局部形状（形似虫）特点，添加色彩和五官，使其具有"昆虫意象"。

▲ 图 1－2－1　树枝昆虫

（二）捏塑赋形

捏塑赋形是指通过多样性的捏塑技法，将泥土、黏土、铝箔纸等可塑性高的材料，捏塑出三维的形体。随意或特意捏塑出的形体可进一步采用加工或改造的手法，将整体或局部外形扩增或消减，创造实与虚的空间；亦可运用不同材料加以造型，丰富作品细节及意义。以捏塑为例：运用捏、搓、揉、扭、按等基本技法对材料进行随意塑形，形成不规则的形态。再根据材料外形特征进行想象，从不同角度看看像什么，再进一步点缀、添加辅助性材料完成作品（图 1－2－2、图 1－2－3）。

▲ 图 1－2－2　泥塑作品《我的身体密码盘》
齐心（番茄田艺术）

▲ 图 1－2－3　黏土作品《你好，心里的怪兽》
暖暖（番茄田艺术）

▲ 图 1-2-4 自然物立体组合作品

（三）切割重构创型

切割重构创型是指运用切割、打散、重构或直接排列、拼搭、插接、黏合、穿编、横向或纵向搭建等方法，将大小不一、形状各异的材料进行重构，组成新结构和新造型。形象塑造可选取的材料众多，可选取自然物或人造物，也可选择一种材料或者多种材料，在对材料的创意叠加组合中体会立体造型游戏的乐趣。例如图 1-2-4，利用色彩相近的自然物，以横向与纵向的搭建手法，创造出结构均衡、层次分明的三维造型。

二、自然物材料应用与立体造型

自然物造型实践的意义在于以探索、想象、实验的方式与材料及其表现技法展开互动，从而塑造并建构出崭新的艺术形象。对于师范生而言，立体造型活动还包含与未来职业相关的“感受与欣赏”“表现与创造”两大内容及其创作步骤，以及创作活动之后的“扩展与创新”。“感受与欣赏”旨在通过感官知觉、移情想象，以及回溯与整合学习经验和生活经验的过程，深刻认识材料和艺术品的色彩、造型、质感与肌理等特点，感受与欣赏蕴含其中的美。“表现与创造”着重于运用表现形式，表达自身对材料特点、艺术品、生活世界的认识、理解、感受，通过实验、改造与组建的过程，创造出多样性的造型。“扩展与创新”意在起到举一反三的作用，针对材料特点、表现技法与表现形式、造型方式等进行思考与想象，借以转换与扩展材料的原有名称与意义，成为具有新指称与新内涵的创新造型作品。这些创作历程，能培养师范生审美与创造、应用与创新的能力，以及在幼儿园艺术领域计划与实施教育教学活动的能力。

（一）因材施艺——石头添画

石头是大自然中最常见的材料，小河边、沙滩上、山林中都有各种各样的石头，石头的质感和形状各有不同，每一块石头都是独一无二的。因此，可通过想象、联想来赋予石头新的生命，然后通过因材施艺在石头上进行添画，形成新造型，并在此过程中培养艺术创造能力。以下以“百变石头”活动为例。

案例：百变石头。

工具材料：石头、丙烯颜料、铅笔、记号笔、画笔、油画棒、调色盘、水桶。

创作过程：

步骤一 感受与欣赏。运用感官知觉观察、触摸石头的纹理、形状、色彩，根据感受到的知觉与生活经验进行联想，以引发想象力和感性的思维，进而能“随形、随色联想”“以物表情”，创造出属于自己的作品。例如，看到一块三角形的石头，可以想象这个石头可以“变”成一只小狐狸，石头上的花纹可以“变”成海浪……

步骤二 表现与创造。根据石头的造型特征进行想象，物象的大致形体确定后，开始进行添画，运用丙烯颜料、油画棒、记号笔等，添加和描绘细节。图 1-2-5 为幼儿将石头“随形联想”，运用浓彩方式添画而成的作品。

扩展与创新：

① 运用不同的组合方式。将两块以上的石头相互拼接或叠加，可以变成什么？

② 运用不同的自然媒材。除了石头，还可以用什么自然材料进行有趣的联想？在大自然中找一找，试一试从不同的角度观察自然物的造型，仔细观察、触摸、嗅闻其具有的特点，依其原有造型与特点加以联想，创造出新的样貌。

③ 运用自然物与其他媒材。以自然物为造型主体，结合幼儿园艺术领域教育教学活动常见的材料，能扩展、丰富造型形象与意义。例如：将中秋节的时令水果柚子，通过拟人化的想象与联想，将其变装成

▲ 图 1-2-5 石头添画作品

小怪物“大眼仔”。运用毛线、瓶盖、KT 板、纸材等，以及折、剪、卷等表现技法，创作出五官与独有的特征，让自然物呈现另一种具有趣味性的样貌（图 1-2-6）。

▲ 图 1-2-6 柚子小怪物

（二）捏塑赋形——泥塑造型

泥塑造型活动也是幼儿园经常实施的艺术活动，主要是用泥土和一些简单的自然材料，如树叶、花瓣、种子等，制作成各种各样的泥塑作品。[①] 泥巴本身具有很强的表现力和可塑性，泥塑造型对视觉、触觉、肢体运动的灵活性的培养有非常好的效果，能够满足奇思妙想、生活情趣、个性发展和创新思维能力的发展。以下以“可爱的毛毛虫”活动为例。

案例：可爱的毛毛虫。

工具材料：泥塑工具、泥巴、叶片、花瓣、树枝等自然物。

创作过程：

步骤一 感受与欣赏。仔细观察毛毛虫的外部特征，包括身上的色彩、纹理与图形，并欣赏不同种类毛毛虫的外形样貌特点与身上的图纹。

步骤二 表现与创造。对毛毛虫有了充分的感官感受与认识后，将黄泥以团、搓的方法塑造成毛毛虫的造型。接着运用一些小的自然材料为毛毛虫添上眼睛、触角和身上的纹样，或是运用工具挖刻，表现造型特点（图 1-2-7 左图）。最后，运用叶片、花瓣、树枝等自然物为毛毛虫造景，增加作品的趣味性与故事性（图 1-2-7 右图）。

---

① 袁清华. 自然材料在幼儿美术活动中的创意表现[J]. 美术教育研究，2020(3)：140-141.

▲ 图 1-2-7　毛毛虫

扩展与创新：

综合运用团、搓、捏、压、切等方法可以将泥巴塑造成球、条、面、块等形体。想一想并试一试，将这些形体相互组合，可以创造出什么新造型？图 1-2-8 为运用综合方法塑形的立体造型。

▲ 图 1-2-8　综合方法塑形的立体造型

（三）切割重构创型——蔬果及树叶造型

将自然物加以切割、组建，并根据其造型联想、重新构成，能创造出崭新的造型，具有新的艺术的趣味性。

1. 水果、蔬菜造型

水果、蔬菜在生活中最常见，并且种类繁多，外形各异，纹理也各不相同。针对水果、蔬菜独特的外形、纹理展开想象，进行切割、组合、加工，能形成新的造型，从而感受到生活中的美，提高审美情趣。以下以“蔬菜、水果大改造”活动为例。

案例：蔬菜、水果大改造。

工具材料：牙签、安全水果刀、案板及各种蔬菜、水果。

创作过程：

步骤一　感受与欣赏。运用感官知觉观察、触摸、嗅闻各种水果、蔬菜的纹理、形状、色彩、味道，根据感受到的知觉结合生活经验进行联想，引发想象力和感性的思维，进行创作构思。

步骤二　表现与创造。根据水果、蔬菜的造型特征进行想象，亦可根据造型需求，将材料做适当的剪裁，确定物象的大致形体后进行组合、拼接。

扩展与创新：

① 运用不同的分解与改造方式。运用横切或纵切、剥除局部或整体外皮、挖刻外皮等方式，分解或改造蔬果的原有造型，能创造出多样的形体，呈现丰富的肌理。试着将这些独特的形体和肌理，与生活经验进行联想，赋予其新的内涵，并加以组合，创造出新的造型(图 1－2－9)。

视频

水果造型

▲ 图 1－2－9　水果、蔬菜造型作品

② 综合运用横向与垂直建构的方式。比一比各个蔬果的形体与重量，试一试大、小、轻、重对作品稳固性与造型均衡美的影响；进一步运用横向与垂直建构的方式，创造出新的造型(图 1－2－10)。

▲ 图 1－2－10　水果、蔬菜造型作品

2. 树叶造型

树叶，是我们生活中常见的一种自然物，而这类自然物对幼儿来说是有趣味性、可玩性的。教师常利用此类自然物组织幼儿进行小游戏，如寻找相同的叶子、发现叶脉的秘密、观察并模仿树叶随风舞动的姿态、利用树叶进行拓印等，可以帮助幼儿亲近自然，感受自然之美。

在立体造型中，叶子也有大作用。一方面，叶子有不同的形态，造型丰富；另一方面，可以用卷曲、穿插、折、剪、粘贴等方法对叶子进行加工，从而得到立体的树叶造型。以下以“百变树叶”活动为例。

案例：百变树叶。

工具材料：剪刀、双面胶、记号笔及各种树叶、野果。

创作过程：

步骤一　感受与欣赏。首先思考如何将叶子变成立体造型，然后通过动手操作、摆弄进行尝试。接着欣赏相关作品的造型手法与呈现方式，并与自身尝试立体造型的方法作比较。

步骤二　表现与创造。根据树叶的自然形态及特点，运用卷曲、折叠、戳洞、穿插等不同的方法进行改造与组合，并根据立体造型特点展开联想，如将大的椭圆形树叶卷曲成圆柱体或圆锥体就可以当作动物的身体。完成造型后，运用自然物材料或是记号笔添加细节，表现造型物的特点，赋予寻常可见的树叶新内涵与新意象(图 1－2－11)。

▲ 图 1－2－11　百变树叶

扩展与创新：

① 运用不同的自然媒材加以组合。叶子加上树枝或石头、果实、种子等，可以变成什么立体造型？自然物的点、线、面形态与改变造型

的树叶相互组合，能表现或凸显出造型的哪些特点？例如：小树枝穿插在卷成圆柱体的叶子上，可以变成鹿角或是动物的四肢；种子可以当成鼻子、眼珠，排列成嘴巴；小片的叶子插接在折叠成新形状的大片树叶上，可以变成耳朵……

以图1-2-12“泥工坊”活动为例。运用组合与搭建的手法，将松塔瓣剪下来做房顶的瓦片及房前装饰，用雪糕棒做烟囱，将法国梧桐树的种子打碎做粮仓的顶部造型，这些材料的色彩与质感都与泥土捏制的块状造型相映成趣，形成了巧夺天工又自然朴质的美。

▲ 图1-2-12　区域活动“泥工坊”

② 综合运用横向与垂直建构的方式。将数片大小不等的叶子，以卷曲、折叠的方式改造成立体的形体后，试一试运用横向与垂直建构的方式组合，以及运用戳洞、穿插、拼接的方法，创造出新颖且结构稳固的造型。

三、经典自然物材料立体造型艺术品欣赏

（一）泥塑——泥土捏制的造型之美

泥塑是中国民间一种古老而常见的传统手工技艺，它以泥土为原料，主要以人物和动物的造型为主，手工捏制成型。泥塑艺术以其质朴生动的特点，深受人们的喜爱。北京兔爷（图1-2-13）是我国北方泥塑的代表性艺术作品，体现了老北京特有的民俗文化传统。兔爷最早属于中秋适应节令的儿童玩具，源于古老的月亮崇拜。传说有一年北京闹瘟疫，嫦娥派玉兔来人间送药，为了掩饰身份，它穿着金盔金甲，扮成男人的样子，在一处寺庙山门旗杆下显出真身时被人看到，于是就有了流传至今的造型：兔首人身、红袍金甲、捣药杵、火焰眉、三瓣嘴，身后一杆靠背旗①。兔爷有多种样式，有的以大象、虎、狮子、麒麟、鹿等这些吉祥瑞兽作为坐骑，有的坐在莲花座、牡丹座、宝葫芦座、金光洞座上，不仅美化了外形，还显得生动活泼，同时也具有诸如吉祥如意、富贵花开、福禄双全等不同的寓意。兔爷的制作工艺精美、线条流畅、色彩艳丽。如今，兔爷作为一项宝贵的非物质文化遗产，成为传播中国传统文化的使者。

▲ 图1-2-13　北京兔爷

① 殷华叶.北京泥塑玩具兔儿爷研究[D].北京：北京印刷学院，2020：7-20.

图 1－2－14 是河北省玉田县的“玉田泥人”。在一百多年的传承演化过程中，逐步具有了色彩艳丽、造型朴拙、鲜活生动、饶有趣味、种类繁多、题材广泛六大特点。玉田泥人从取材上可分为四类：一是神话传说，如老寿星、八仙过海、牛郎织女、麒麟送子等；二是戏剧和历史人物，如包拯、杨宗保、穆桂英等；三是动物，如大公鸡、小狮子、青蛙、花老虎、小乌龟等；四是时事风俗和现实形象，如不倒翁、阿福、拨浪鼓、泥哨、骑驴回娘家等。玉田泥人造型夸张、线条简拙，体态妖娆雅致，颇有唐代陶俑遗韵之美。它的着色粗犷而奔放，点线面勾抹自然，色彩对比生动，形成了“大俗至雅”的艺术特色。另外，它还吸收了杨柳青年画“软靠白、硬压软”的配色技巧，产生自然的色阶层次。有的借鉴远古泥埙，添加苇笛装置，能够吹出响亮明快的音色，具有拟声达意的独特性，增强了艺术美感，具有独特的艺术价值和观赏价值。

▲ 图 1－2－14　玉田泥人

（二）编结——条蔑交织的造型肌理美

用植物的茎条、皮蔑、藤蔓等自然材料手工编织的工艺品以及生活用品，是我国传统民间艺术宝库中重要的一部分，其种类与形式丰富多样，造型精美。我们主要就蒲团造型艺术进行赏析。

我国民间的草编蒲团遵循就地取材、量材为用的原则，各地在造物理念、审美心理及设计价值等方面基本趋同。如图 1－2－15 中的蒲团在我国北方地区常见，是用玉米皮编织的。这种工艺兴盛于北宋时期，有着悠久的历史。其做法为：先将玉米皮泡软，主要用“拧”的方法，先编一个小“柿花”，以其为圆心向四周发射，一环套一环地拧制，边拧边添加玉米皮；以这种环环连缀的形式围合成外层皮囊，内部塞满玉米皮，最后在另一面的中心收口即成。草编蒲团制作工艺简朴、造型简洁、色彩单一，在同一材质单元的重复中构成了肌理的韵律美，彰显出自然美、淳朴美，体现了中国朴素的“顺天造物”“天人合一”的思想。蒲团暄和柔软、敦实耐用，适于居家盘坐用，现代家居也有用作装饰的。

▲ 图 1－2－15　蒲团

（三）雕刻——刀刻锤凿的阴阳互衬美

中国的传统雕刻源远流长，最早起源于新石器时代早期，几千年的历史进程中留下了无数精美绝伦的雕刻艺术品。

砚台是我国以雕刻为主的传统手工艺品之一，与笔、墨、纸合称“文房四宝”。我国的四大名砚有山东青州的红丝石砚、广东肇庆的端砚、安徽古歙州（今安徽歙县）的歙砚、甘肃卓尼的洮河砚。由于砚台的制作融入了诸如书法、绘画、文学、民俗、乡土文化等很多传统的审美元素[①]，对其欣赏也应从多方面切入。砚台是文房重器，实用性是第一位的，如图 1－2－16（左图）是外形比较规整的“正形砚”，制作者按照主观

① 邹洁. 端砚创作中传统审美元素的研究[D]. 广州：广州大学，2017：9－22.

设计将原石裁切成人为器物，一般有方形的、圆形的、椭圆形的，便于使用。图 1－2－16（中图）是山东青州的红丝石砚，保留了石材本身的自然外形以及红色原石的色泽、纹理，很少雕琢，体现了浑然天成的审美意趣，称为“随形砚”。图 1－2－16（右图）的砚台造型为“马上封侯”，既表现一只小猴子坐在马背上的形象，又不失砚台的基本属性，是模仿其他形象的“仿形砚”。砚台发展至今成了集雕刻、绘画于一身的精美工艺品，具有观赏性和收藏价值。如图 1－2－17 所示，这种精雕细刻的砚台造型强调了装饰美化特征，巧妙地利用石材表皮的天然青灰色，雕刻出深浅不同的花纹表现云龙图案，两条龙腾云驾雾、屈曲盘旋，表现出远近透视的空间感，经过细致的打磨，云龙纹样轮廓清晰、细润如玉。砚台的色泽与肌理、雕琢的题材与工艺、造型的奇绝与精美，都体现了砚文化的现代装饰属性与制作者巧夺天工的精巧构思。

▲ 图 1－2－16　砚台(1)

▲ 图 1－2－17　砚台(2)

第三节　自然物材料造型在幼儿园中的应用

《3—6 岁儿童学习与发展指南》（以下简称《指南》）建议：和幼儿一起感受、发现和欣赏自然环境和人文景观中美的事物；和幼儿一起发现美的事物的特征，感受和欣赏美。幼儿生活在大社会、大自然中，引导幼儿通过感官觉察、探究、比较、体验自然物的各异形态、特质和具有的美感，能扩展幼儿的感官经验，丰富对美好事物的感受。这些事物和现象给了他们形成美感的源泉，因此教师应利用周围的自然环境以及自然物创设友好的教育环境，为幼儿提供取之不尽、用之不竭的造型媒材，将“活的色彩”“美的造型”带给幼儿，把自然万物融合到幼儿的美术活动之中，让幼儿充分与自然互动。

下面基于幼儿园实践案例，重点介绍自然物造型在艺术领域和环境创设中的具体运用。

一、自然物材料平面造型应用

引导幼儿通过感官觉察、探究、比较、体验自然物的各种形态、特质和具有的美感，能扩展幼儿的感官经验，丰富其对美好事物的感受，这就需要教师设计拼贴、印拓、彩绘的创作活动，提供自然物让幼儿创作，使其将感官经验与创作经验、美的感受与想象力相融合，以此提升幼儿对生活环境的敏感度、感受力，以及对自然界的初步认识，从而能够辨识美、欣赏美、应用美、创造美，进而逐渐涵养出审美能力与创造力。

（一）在教育教学活动中的应用

拼贴、印拓、彩绘等平面造型活动，不仅易于幼儿操作和表现，亦是艺术领域的基础活动。

1. 拼贴活动

以种子拼贴为例，种子贴画是以天然的谷物杂粮为材料，通过粘、贴、拼等手段，将它与其他辅料粘贴成山水、人物、花鸟、卡通等形象或抽象画的一种创作方式，也称为“五谷画”或“彩豆画”。种子贴画的主要材料有黄豆、红豆、绿豆、黑豆、芸豆、玉米、大米、小米、糯米、西米、黑米、燕麦、咖啡豆、葵花籽、花生壳等。在进行种子贴画教学时，可以结合自然科学活动，通过种子贴画的方式向幼儿讲解关于种子的基本知识。

下面是浙江省湖州市虹星桥镇中心幼儿园结合农耕文化的园本特色而开展的“农娃种子安全教育拼贴画”活动。他们收集了各种各样的种子，运用点形成线和面的造型方法创作，如图1-3-1所示，小班贴119、120等安全电话号码，中班贴安全标识等图样造型，大班则是安全意识在生活中应用的情景画。

小班

中班

大班

▲ 图1-3-1 种子拼贴画

2. 印拓活动

（1）树叶盖印

树叶是我们在大自然中非常容易找到的素材，树叶盖印是指挑选叶脉突出、叶面较为平整的树叶，将叶脉突出的那一面涂上颜料、印到画纸上。树叶的纹理与形状多种多样，幼儿可以尽情发挥自己的想象力，进行大胆创作。

在江苏省南通市滨江艺术幼儿园开展的“树叶印画”活动中，幼儿把叶片当作花瓣，用喜欢的颜色涂在自己捡到的叶子上，一片一片印在白纸上，并添画树枝等细节。画面效果丰富，栩栩如生又充满童趣（图1-3-2）。

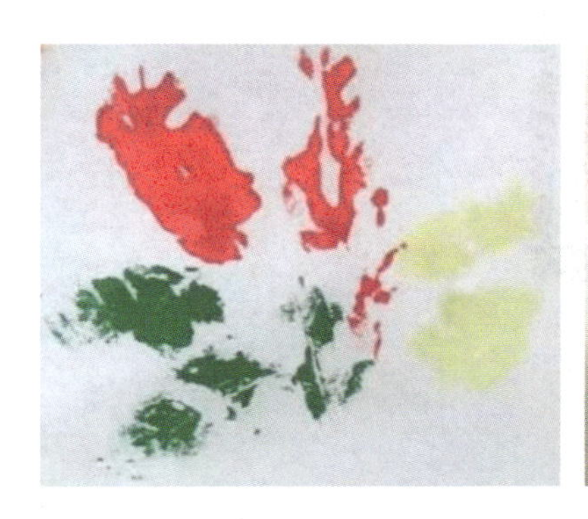

▲ 图1-3-2 树叶盖印

(2) 蔬果印拓

蔬菜是我们日常生活中常见的物品，也是进行盖印创作的天然素材。蔬菜自身具有一些独特的肌理，如白菜梗、莲藕等横切面独特的纹理造型，盖印出来的效果极为惊艳。

例如，北京大厂格林童话幼儿园开展的“神奇的蔬菜”主题活动，让幼儿尝试用藕、白菜、油菜等蔬菜的横截面，蘸取颜料进行拓印，进行图像的联想创造，从而丰富想象力、提高创造力，感知盖印画的美感和趣味性(图 1-3-3)。

▲ 图 1-3-3　蔬菜印拓

3. 彩绘活动

树叶彩绘活动能让幼儿亲近自然，感受自然的美好，了解自然的奇妙，体验绘画的乐趣。树叶彩绘，首先需要捡拾地上的落叶，或者采摘新鲜的叶片。收集好树叶后，将树叶清洗、擦干净，放在书里压平整后使用(也可以立即使用)。进行彩绘之前，先观察树叶的形状、颜色、纹理，摸一摸、捏一捏树叶，感受树叶的厚薄、光滑、粗糙、柔软等质感。丙烯马克笔是非常适合幼儿彩绘树叶的工具，它颜色丰富鲜艳、饱和度高、出水很流畅、容易叠色、覆盖力好。使用时需注意：用前需要摇晃笔身，叠色时需要等底色干后才能画下一个颜色。引导幼儿自由绘画，大胆地在树叶上画自己喜欢的图案、形象；也可以根据叶片的形状来装饰叶片，画上线条将叶片分成几块，涂自己喜欢的颜色(图 1-3-4)。

▲ 图 1-3-4　幼儿彩绘叶子作品

(二) 在环境创设中的应用

运用大自然的材料创设幼儿园物质环境，有利于引发和支持幼儿园五大领域的各项活动，亦能展现自然物的美与实用性，营造美的环境。

1. 具有展示和沟通功能的环境创设

比如每个班级门口的家园驿站或家园共育栏，主要内容是其班级的周计划、时间安排和教养知识等。运用自然物材料拼贴出一个场景，制作出肌理丰富的动物造型及环境，营造出具有自然气息和生命力的情境，也能让家长感受到园所特有的教育文化(图 1－3－5)。

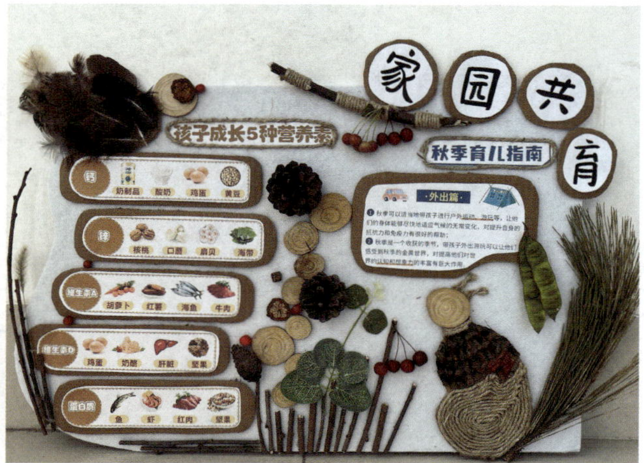

▲ 图 1－3－5　自然物功能墙环创展示　路颂贤

2. 具有自然和探究意味的环境创设

粗树枝是一种很好的吊饰支撑物，截取树枝不同的造型部位所呈现出的效果亦不同。所吊之物可以是小树枝的拼搭组合、小树枝的萦绕组合以及与麻绳等线性材料的组合等(图 1－3－6)。运用这些造型和组合方式展示幼儿作品，能增添意趣，展现自然之美。

▲ 图 1－3－6　树枝环创　路颂贤

彩绘因充满艺术特色和易于表现的特点，也常常作为幼儿园文化环境创设的手段。幼儿园趣味彩绘是传统彩绘的一种创意表达，它在吸收和利用传统彩绘文化价值的同时，又赋予了其新的表现形式和艺术生命。将彩绘融入幼儿园的文化建设，既充实和丰富了幼儿园的课程实践，又为幼儿园文化增添了新的内涵，为幼儿的发展创造了更为丰富和适宜的环境。① 例如：应用彩绘方式美化自然物作品，布置于环境中，能激发出丰富的视觉感受(图 1－3－7)。

---

① 蒋晨. 趣味彩绘与幼儿园文化建设[J]. 学前教育研究，2019(6)：93－96.

▲ 图 1-3-7 创意彩绘环创 路颂贤

二、自然物材料立体造型应用

以自然物材料为主的立体造型的基本原则是“自然巧得”，其关键是突出一个“巧”字，即把所有材料的自然特征（形、色、质）与塑造形象的艺术特征巧妙地结合，既不过分修饰加工，也不追求完全相似，强调自然巧得，形成自然天成、生动有趣的艺术形象。因此能增强作品的趣味性，拓展作品的表现力、想象力和感染力。

（一）在教育教学活动中的应用

以下通过具体案例呈现“因材施艺、捏塑赋形、切割重构创型”等立体造型表现形式的活动，以有效支持师范生的学习与专业发展。

1. 因材施艺结合切割重构创型活动

案例 1：树叶面具。

适用年龄：中班以上。

工具材料：剪刀、白乳胶、皮筋、树叶、硬纸板。

创作过程：

步骤一 感受与欣赏。观察与欣赏化装舞会面具的造型与装饰图样，体会不同色彩与造型带来的感受，再进一步说明采用何种美的形式表现。接着思考有哪些排列形式？可以采用多少数量？几种大小？然后动手拼组，运用树叶做面具，设计出不同的造型。

步骤二 表现与创造。选取喜欢的树叶，将不同色彩、大小不等的树叶，在加工过的硬纸板面具上排列，例如对称式排列（图 1-3-8），或是排列成双环形（图 1-3-9）等。确定好树叶的摆放位置后，进行

▲ 图 1-3-8 树叶面具(1)

▲ 图 1-3-9 树叶面具(2)

粘贴，最后将皮筋穿串固定于耳挂处，即完成树叶面具。可再运用纽扣、豆类、羽毛、亮片、彩纸等人造物材料，进一步装饰、美化面具。

扩展与创新：

① 综合运用表现技法改造原有形体。运用前文创作主题“百变树叶”(图1-2-11)中介绍的卷曲、折叠等技法，改造树叶的形体，使其具有立体感，再运用戳洞、穿插、粘贴、拼组等方式将数片叶子固定于加工过的硬纸板面具上。比较不同的表现技法与固定方法所呈现的造型之异同与视觉效果。

② 综合运用平面与立体的载体制作面具。将平面的纸板与立体的纸箱组合成载体，并运用剪除、挖刻空洞等“减法”，改变其造型并创造出镂空的形体；再运用“加法”，将树叶、树枝、花瓣、纽扣、豆类、羽毛等自然物材料，以及亮片、彩纸、黏土等人造物材料，装饰、粘贴于载体上，做成立体式的面具。在制作过程中思考与比较：平面纸板与立体纸箱的组合位置以及使用数量应是怎样的？对结构的稳固性与产生的视觉效果有哪些影响与差异？“减法”与“加法”的多少，创造出的造型有哪些变化与差别？

案例2：微缩世界。

适用年龄：中班以上。

工具材料：镊子、玻璃罐或广口塑料瓶，多肉植物、苔藓或蕨类植物、干花，土壤、沙子、小石头、贝壳等自然物品。

创作过程：

步骤一 感受与欣赏。观察、触摸苔藓、树皮、树枝、贝壳等基本材料的纹理、造型与色彩，再与大自然中的草原、大海、高山、树林等景象比较异同之处，再进一步想象：哪些基本材料像是缩小后的高山、大海、广阔草原……，运用联想力赋予苔藓、树皮、树枝新的表征与指称，将它们想象成草原、大海、高山、树林等，表达对世界景象的理解。

接着欣赏将大自然微缩到透明罐子中的装置艺术品，感受“一沙一世界、一花一天堂，把无限放在掌心，珍藏刹那为永恒”的美好境界。

步骤二 表现与创造。选取材料在透明罐子中进行造型组合，可以选择苔藓当作绿地，选择树皮搭建小房子，或是选择沙子来当作沙漠……运用因材施艺结合切割重构创型的方式，将自身对世界的认识、感受与解读，以微缩世界的方式再现(图1-3-10)。

▲ 图1-3-10 罐子里的微缩世界

扩展与创新：

组合不同的场景，说出不同的生活故事。运用生活中的自然物与人造物，组合搭建出花园、森林、草原、沙漠、高原、大海、外太空等场景，并以人偶、动物偶、交通工具等小摆件或其他材料塑造出场景中的“主角”与其他物件（如房舍、灯塔、帐篷、船、太空船、星球等），来装饰与丰富场景。完成后，根据生活经验与作品中的景象，说出并画出具有“人、事、地、物”的故事内容，深化对装置作品中的视觉形象的感受，以情感性与想象力带动创意思维，获得更深层的美感体验。

2. 因材施艺结合捏塑赋形活动

案例：桃花朵朵开。

适用年龄：中班以上。

工具材料：树枝若干，黏土工具，红色、白色黏土。

▲ 图 1－3－11　桃花朵朵开

创作过程：

步骤一　感受与欣赏。观察与欣赏桃花的色彩、花蕊与花瓣的造型，以及桃树的姿态，并闻一闻桃花的味道。通过感官知觉的直接经验，了解桃花及桃树的特点，深化对其外形与香味的感受。

步骤二　表现与创造。选取一些红色与白色黏土，运用团、捏、压等方法，混合出多样的粉色调色彩，用调好色彩的黏土制作出“桃花”的造型，然后将“桃花”粘在树枝上。完成后，将桃枝插入花瓶中，装饰教室（图 1－3－11）。

扩展与创新：

① 扩展作品内容。观察户外景象，树干上会有哪些昆虫？不同的季节，树上会有哪些变化？生长出哪些东西（花苞、绿芽、果实等）？树林里除了动物、昆虫，还会有什么（小精灵、小矮人、花仙子等）？运用何种表现技法和哪些材料，能将这些景象与想法表现出来？通过观察自然界的生态，以及不同季节中植物生长的形态，借以丰富作品内容，并以想象力扩展、更新内容与作品样貌。此外，提供不同的材料，回溯既有的创作经验，运用已知的表现技法，自主选用适当的材料，创作与表达出个人的思维、认知与情感，提高创作能力，促进创新表现。

② 创造新主题。通过“随形、随物联想”，以树枝等自然物材料为主，结合黏土创作出不一样的主题。例如搭建成建筑物、几何造型的小雕塑品、交通工具等。将运用材料的经验加以迁移，创作出新的表现内容，体会艺术创作思维的拓展性。

③ 创造新的表现形式。思考与实验：生活中的哪些材料可以组建成树？哪些材料可以运用捏塑技法改变造型？哪些材料与表现技法，能创造出物件的质感与肌理？例如，将数根麦秆、细长的草、柳条等线状材料加以捆绕，或是将蔬菜瓜果等圆柱状材料，以插串、挖刻等方式重新造型，能组合搭建出以自然物材料为主体的特殊树型。再辅以人造物材料，如铝箔纸、皱纹纸、卫生纸等软性媒材，运用搓、揉、团的技法改变造型，做成树上的花、叶、小昆虫等，丰富作品的肌理与细节。通过实验与创新的方式，改变使用材料、迁移运用表现技法，组建、捏塑出不同的造型，展现不同于以往的形态，创新作品的样貌，发现与感受艺术表现形式的多样性。

（二）在环境创设中的应用

幼儿天生喜欢花草树木、虫鱼鸟兽、沙水土石等自然要素，他们在自然的环境里自由地嬉戏，能够不断体会和感受任何人造环境都无法带来的快乐，并且在探索自然的过程中，获得直接经验。[①] 自然物材料立体造型在幼儿园的环境创设中应用很广，它不仅可以对园所环境起到装饰作用，而且具有一定的教育意义，即潜移默化地帮助幼儿感受自然之美、欣赏自然之美、创造自然之美。

1. 室外环境

幼儿园的室外环境是幼儿进行户外活动、游戏的场所，我们可以将“自然”融入幼儿园环境创设中。园

---

① 徐洁薇．自然主义教育思想启示下的幼儿园环境创设研究[D]．武汉：华中师范大学，2017：3.

内可以种植各种花期不同的植物，这样幼儿园一年四季都不会缺少自然界的色彩；可以设置种植园，种植一些适宜本地生长的瓜果、蔬菜；也可以设置动物区，养一些较温顺的小动物，或者是利用花朵吸引一些蝴蝶，让园内生机盎然。此外，还可以根据幼儿园的特点规划绿化面积，利用场地的高低差，模仿多种自然界的景象。例如，找到幼儿园较高处，顺势建一条流水槽，引水而下，溪床可以铺设碎石或鹅卵石。夏天，幼儿既可以在这里玩水，又可以捕虫、看花。冬天或是初春无水时，小溪的河床、水里的卵石会显露出来，幼儿可以在里面进行假装游戏等，感受自然的美，形式可随季节变化多样。[①]

2. 室内环境

幼儿园室内环境作为幼儿学习新知识、探索新事物的主要场所，不仅应满足幼儿园各项教育实践的需求，而且还应为幼儿创造产生良好学习体验和感官体验的机会，达成促进幼儿实现身心全面发展的教育目的。[②] 使用立体自然物造型进行室内环境的创设，给幼儿营造大自然的氛围，能使幼儿感受自然中所蕴含的美。例如洛阳市华德福幼儿园运用自然物创设四季桌，并将幼儿立体造型作品融入四季桌加以展示（图 1-3-12）。

春季

夏季

秋季

冬季

▲ 图 1-3-12　四季桌

① 徐洁薇. 自然主义教育思想启示下的幼儿园环境创设研究[D]. 武汉：华中师范大学，2017：19.

② 张君陶. 艺术设计视角下的幼儿园环境创设研究[J]. 新教育时代（教师版），2018(43)：294-295.

四季桌，通常是在活动室一角放上一张桌子，桌面上铺一块由植物色彩染成的布，上面放一些应季的自然物，且自然物是经拼摆组合的，以营造相应季节（节日）的意境或氛围。

四季桌上的桌布会随季节的变化选用不同的颜色。如春天一般用浅绿色或粉红色，夏天用绿色或深绿色，秋天用黄色、红色、橙色、红褐色，冬天用深蓝色或蓝色。桌子上摆设的物件也会随着季节的改变而不同，旨在体现当季的特征。例如：春天摆上迎春花的枝、发芽的种子、抽芽的柳条；夏天放上鲜花、绿草、西瓜、贝壳等；秋天是丰收的季节，可以放上当季的水果、坚果、红薯、玉米、秋天的花草等，还可以摆上装有豆类和谷物的透明玻璃瓶；冬天放上松树枝、大白菜等。在适当的位置，会摆些人物（例如当季相关节庆的重要代表人物）、动物、围栏、房子的造型以及相关节日的重要代表物等，力图让整个场景富有生活气息，符合现实的节日特征。在布置四季桌时，尽量让幼儿参与采集物品和创设，选用幼儿们散步时捡拾回来的小物件。

▲ 图 1－3－13　四季桌中的幼儿作品

通过四季桌，幼儿可以感受到四季的不同，如颜色的不同、自然物的不同等等，理解季节的变化，潜移默化地感受大自然的美，并且运用到艺术创作中。

幼儿造型作品融入四季桌。幼儿是环境创设的主体。在幼儿教育体系中，环境的作用以及优势价值是不能忽视和替代的，幼儿园环境创设需要坚持以幼儿为中心，关注幼儿的主体参与，让他们成为环境创设的主人公，实现与环境的主动对话，只有这样才能够让幼儿的身心得到更好的发展，让环境的教育功能得到更好的挖掘与发挥。①

将幼儿所做的立体造型作品放到活动室中，融入幼儿的学习环境，不仅可以增强幼儿的自信心，而且可以调动幼儿参与美术活动创作的积极性。图 1－3－13 是洛阳市华德福幼儿园兰馨园某班的四季桌，上面的木制小房子就是幼儿运用自然物制作的立体造型。教师将其放在四季桌上，充当四季桌造型中的一部分，色彩和谐，并与季节植物融为一体，体现了环境创设中幼儿的主体性，使幼儿作品能够有效地利用起来。

单元小结

自然物材料造型实践的意义在于以探索、想象、实验的方式与材料及其表现技法展开互动，从而塑造并建构出崭新的艺术形象。其中自然物材料平面造型就是充分利用材料自身所具有的形状、色彩、肌理等，根据造型需求，运用相应的基础表现技法，进行拼贴、印拓、彩绘创作，展现自然物的特点和平面造型的多样性；自然物材料立体造型是在平面造型知识和经验的基础上，利用自然物材料的特性，以因材施艺、捏塑赋形、切割重构创型的表现形式，创造出具有空间性、体量性，以及能多角度欣赏的作品。

本单元（包括第二单元）的创作活动包含“感受与欣赏”“表现与创造”两大内容和步骤，以及创作活动之后的“扩展与创新”。这一创作历程和环节，能够培养师范生的审美与创造、应用与创新的能力，以及在幼儿园艺术领域教育教学活动的计划与实施能力。

通过欣赏大自然之美，以及自然物材料平面造型与立体造型的经典艺术品，可以帮助我们认识、了解“美的法则”，体会外在形式之美与内在蕴含的美。不仅能提升师范生的审美素养，加深对生活和环境中美的理解与认识，还有助于提高师范生未来创设教育环境与营造美感情境的能力，从而通过教学、环境的整体运作，启迪幼儿的审美感知，促进其审美理解，丰富其审美经验。

① 方愉．与环境对话　做环创小主人[J]．新课程(综合版)，2018(10)：20.

思考与练习

1. 根据自然物材料的肌理、质感、形态与色彩的特点，综合运用拼贴、印拓、彩绘等表现形式，创作一件平面造型作品。

2. 运用自然物材料以及综合性表现形式，创作一件立体造型作品。

3. 结合学习体验，运用自然物材料及拼贴、印拓、彩绘的表现形式，设计一份幼儿园平面造型教育活动设计与实施环节的过程性活动方案。

4. 根据幼儿发展特点、基础经验与能力，设计一个以自然物材料为主，以综合性表现形式创作的平面与立体组合的系列性作品适用于艺术领域教育教学活动。

5. 分析作品《春》(图1-1-35)、《夏》(图1-1-36)、《秋》(图1-1-37)、《冬》(图1-1-38)的造型特点、造型手法与美感特质，并说明个人的审美观点。

6. 根据幼儿园环境创设的理念与方法，以及幼儿需求、学习兴趣与经验，运用自然物材料，以及拼贴、印拓、彩绘等综合性的表现形式，创作一个可以用作区角或活动室某一环境的挂饰。

第二单元 人造物材料造型

学习目标

1. 掌握人造物材料基本的平面、立体造型方法和手段，能够运用多元材料开展造型活动。
2. 通过欣赏人造物材料平面与立体造型艺术优秀作品和实践，熟悉其造型方法与艺术特点，体会其材质和造型之美，提升造型能力，能够将所学运用到支持幼儿发展的活动和教育环境创设之中。
3. 掌握并运用人造物材料的造型特点和表现方法，整合个人创作经验，结合幼儿发展要求和诉求，将其运用到幼儿园艺术领域或其他教育活动的设计和组织实施中。

内容结构

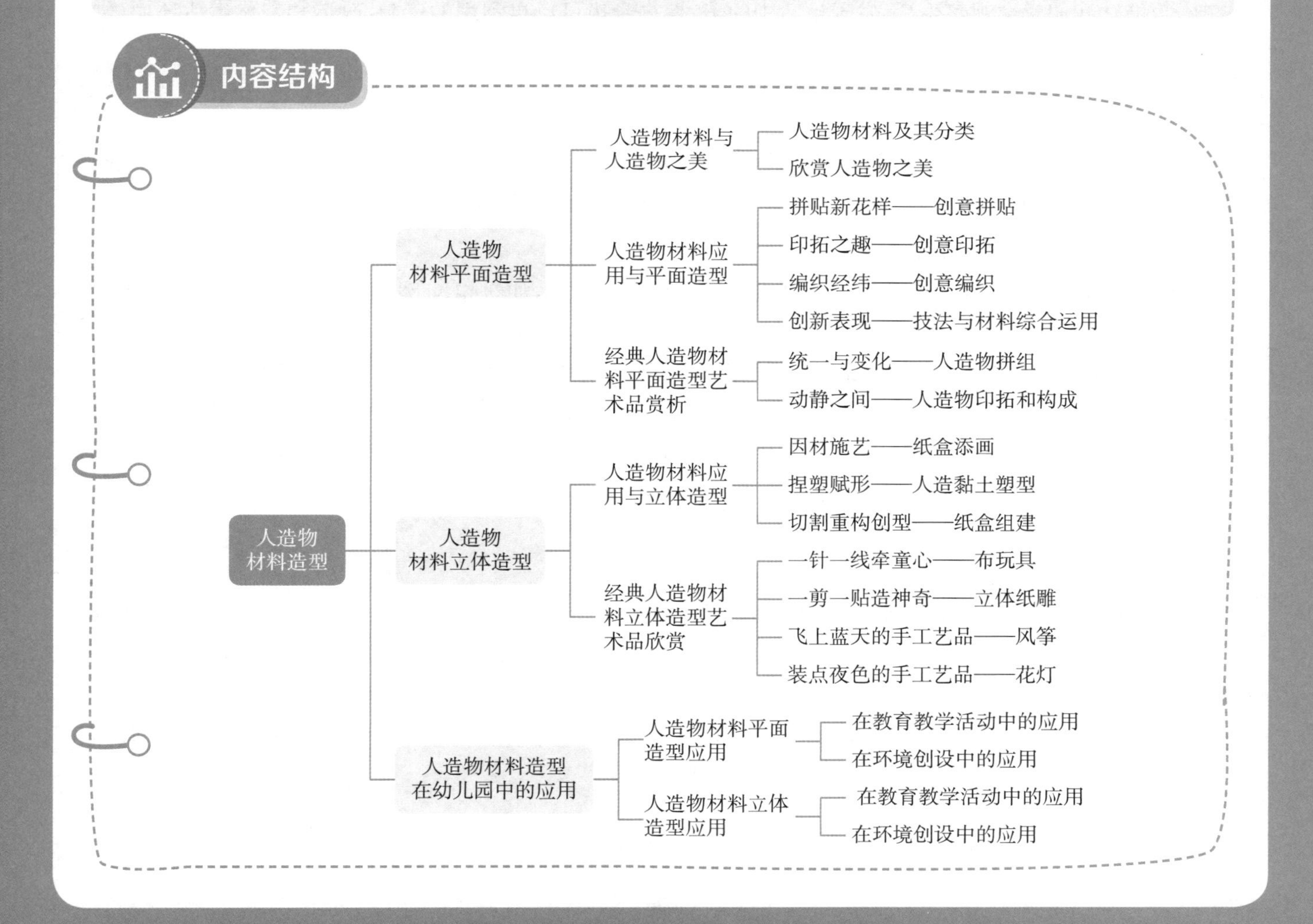

美国教育学家杜威认为，审美经验来自日常生活，是人与环境互动时产生的知觉、情感、思维之“做”与“受”的完整经验。[1] 换言之，完整的日常生活经验是审美经验的基石，是艺术家创作的灵感源泉，是艺术品诠释的内容，亦是人们体会人生况味、解读生命意义、审视生命之美的要素。因此，艺术源于生活，生活即艺术。

承上所言，生活环境是审美体验的主要场所与创作灵感的来源，人们在其中探索、实验、想象、验证、省思、反刍、解读与诠释，获得对生活、世界的理解与感受，并能运用生活中的各种资源，结合感悟，创作出多元的视觉表征，借以表达自身的思维和情感，从中深化学习经验、丰富审美体验。因此，环境中除了自然物之外，人造物也是组织与传递认知、情感与想象的重要媒介。也就是说，人造物也是美术创作的重要媒材之一，其活动过程和结果运用更是师范生进行专业实践和职业体验的重要内容。只有这样，才能让师范生在生活环境中体验美、创造美，获得“生活艺术化、艺术生活化”的审美与创造能力，进而支持幼儿发展。

第一节　人造物材料平面造型

在倡导“节能降耗、绿色环保、创新求异”的新时代，美术及其教育也应付诸实践，充分运用日常生活中的废旧材料，变废为宝，开展有意义的、引导性的造型活动。如包装盒、饮料瓶、易拉罐等物品，将其回收、消毒、处理后用于创作。丰富多样的人造物材料不仅能够激发创作的灵感和欲望，提升对美术活动的兴趣，也能让我们学会观察生活、发现生活中的美，挖掘身边可以再利用的资源，改造和美化生活环境，进而起到提升操作能力、丰富审美经验的积极作用。

一、人造物材料与人造物之美

熟悉人造物材料的分类、欣赏人造物材料的造物之美，既是人造物材料造型的基础知识和途径，也能帮助我们认识人造物材料的性质与特点，激发创作灵感，丰富造型样式。

（一）人造物材料及其分类

人造物指人类为生存和生活所需而制成的一切物体和物品，如纽扣、毛线、吸管、各种纸张、物品包装盒（箱）、饮料瓶、易拉罐等。

人造物材料种类繁多，外在形态各有不同。作为造型材料，人造物材料按照形态分类，同第一单元自然物材料一样，可分为点状材料（如碎纸屑、珠子、纽扣、图钉、碎蛋壳等）、线状材料（毛线、纸条、绳索、电线、胶绳、筷子、雪糕棒、吸管等）、面状材料（纸、木板、金属板、塑料板等）、块状材料（橡皮、海绵块、塑料泡沫块等）。由于材料的质地、硬度、形态等性质不同，加工手段不同，其造型方式和造型表现也不尽相同。人造物材料加工、造型的基本原则是物善其用、绿色环保。

（二）欣赏人造物之美

欣赏美、创造美、追求美、应用美是人类的天性与诉求。因此，以美好之物装点生活、应用美的形式创设环境，既能满足感官上的审美需求，带来心理上的愉悦之情，也能提升生活品位，涵养真善美的心灵。

生活中的衣、食、住、行、娱乐，是人类表现美、创造美的场所。所有具有美感要素的餐具设计与食物造型、衣着与发饰、房舍与庙宇、交通工具与街道景象、游乐场所等，都能视为人类在生活中实践美的行为结果与多元表征，也是审美价值与生活文化的再现。

---

[1] DEWEY, J. *Art as experience* [M]. New York: Perigee Books, 2005:1,6,12,20,25,110.

1. 编织喜庆——皇室炕毯

毛呢毯是生活中常见的编织物品，因生活需求不同而有不同的功能和名称。例如：皇室贵族用于装饰地面的地毯；北方游牧民族隔绝马背上汗水和污垢，保持马鞍清洁的马鞍毯；寒冷地区保暖用的炕毯等。

《红呢绣双喜龙凤彩云子孙万代纹炕毯》(图 2-1-1)是清光绪皇帝大婚时铺用的毛呢绣花炕毯。毯上绣纹重叠隆起，每个图样以金线围织，富丽高贵；毯面构图对称，色彩鲜艳，金红两色烘托出大婚喜庆的氛围。

▲ 图 2-1-1 红呢绣双喜龙凤彩云子孙万代纹炕毯

品读毯面图样与构成形式：毯边以万蝠、花卉围绕喜字的图案以及葫芦、梅花和寿桃纹饰为单位，通过规律地向左右复制的二方连续形式，组成具有韵律、反复、统一之美以及蕴含富贵、幸福、多子多孙、长寿之意的纹样。毯心织有龙凤呈祥之意的龙凤双拥喜字图样，以及围绕主体龙凤图案，寓意珠联璧合、吉祥如意的火珠纹和如意纹；毯心四角缀以寓意同心连接的蝙蝠和盘肠纹。整体图样对称均衡，繁而不杂。

2. 绣缝福禄——手工艺活计

中国传统活计是一种包含刺绣、串珠、盘结等多种手工艺的品种。游牧民族的活计多注重实用性，明清时期的宫廷活计更注重精工细绣的装饰性。

《红色缎串珠绣葫芦活计》(图 2-1-2)是清同治御用日常服装的配饰，全套共六件，包括一对荷包、烟荷包、褡裢、表套、扇套。这套活计造型各异，有的缀以明黄色绦带；六件都以红色素缎为地，上有串米珠织绣成的立体葫芦和花朵图案，寓意福禄万代；底纹为金线绣织的葫芦枝蔓和金边青绿的叶片，隐含福禄绵延之意。整套活计的图案呈反复、上下平行排列，展现出秩序、反复、统一之美。

▲ 图 2-1-2 红色缎串珠绣葫芦活计

二、人造物材料应用与平面造型

人类为满足生活需求，提升生活品质，制造了许多人造制品。其中的一些人造物材料，不仅在日常生活中常见、触手可及，且具有操作性强、可塑性高的特点，因此便成为造型的好媒材。我们可以通过观察、揣摩、想象、联想，在充分了解材料性能和特点的基础上，合理运用剪、折、卷、撕、揉、印拓、重构等表现技法，改变材料原有形态，进行创意造型，不仅能激发创作的主动性和生活乐趣，而且能提高对生活的观察力、感受力，以及保教实践能力。

（一）拼贴新花样——创意拼贴

将生活中随处可见的人造物材料加以改造、拼贴、重组，如纸材、纽扣、毛线、冰棒棍、蛋壳、亮片等，进而创造出新形象，不仅能够增强对生活环境中美的感受性和敏感性，而且能有效提升艺术思维能力，丰富审美和创造美的经验。

▲ 图 2-1-3　纽扣拼贴画　路颂贤

1. 纽扣拼贴

纽扣是生活中常见的材料，其色彩丰富、造型多样、大小和材质不同，且操作方便，非常适合进行创意联想、拼组成图像或是做装饰点缀。图 2-1-3 就是运用“排列成行、聚集成面、围绕成圈”等造型方式，将纽扣按规律拼贴于纸面上，进而创造出纹样丰富、色彩艳丽的装饰图案。纽扣拼贴作品不仅能让创作者发现和体验人造物材料重组后的另一种形式美，如果运用到幼儿园保教实践中，还能发展出幼儿的逻辑思维、排序、数形概念，锻炼手部动作和小肌肉群。

2. 吸管拼贴

吸管种类繁多，有塑料单色细吸管、塑料粗口奶茶吸管、塑料艺术吸管、纸吸管等，而且其材质易于剪裁加以造型。例如可以利用横截法剪裁吸管成不同长度，以其凹面拼贴组合造型（图 2-1-4 左图），也可利用纵截法剪裁吸管成各种长度后拼组，呈现凸状的半立体效果（图 2-1-4 右图）。

▲ 图 2-1-4　吸管拼贴画　路颂贤

除了上述的剪裁法，还可以应用不同的组成方式，创造或虚或实的造型。例如，将吸管两两相接，能表现线条的长短或方向变化，或是构成形体的轮廓线；当密集拼组时，能组成各式的块面。我们能从拼组、粘贴的过程中，培养计划性思考能力，了解数量与形状、大小、样式的相互关系，体会线与面的构成。

3. 撕纸拼贴

撕纸拼贴是指利用废旧报纸、彩色画报、广告单、手工纸、卡纸、蜡光纸等材料，徒手撕成想要呈现的形状，或是撕成数个小纸块，然后拼贴成一幅幅富有趣味性的作品。

（1）撕纸拼贴基本方式

徒手撕成的纸块，其轮廓形状自然、质朴，有不规则的边缘线，操作简单，画面装饰性强且有很好的表现力，非常适用于初学者的美术学习活动（图 2-1-5）。

▲ 图 2-1-5　撕纸作品

可运用无规则、随意的撕纸方式，也可计划性地撕出创作所需的形体。具有丰富色调的撕纸画，可呈现形色与纹理之美(图 2-1-6)；黑白色系的撕纸画，可展现犹如剪影的效果(图 2-1-7)。

▲ 图 2-1-6　撕纸作品　路颂贤

▲ 图 2-1-7　撕纸作品　路颂贤

(2) 趣味撕纸技法

将纸张撕成条状是最基础的撕纸活动。趣味撕纸技法如下：将两手紧靠、抓住纸张的上端，一手向前、一手向后地撕扭出一个小裂口，再顺着小裂口慢慢地撕拉，能撕出条状。掌握此项基本技法后，可玩“看谁撕得又快又多、又直又细”的游戏，享受撕纸的乐趣，熟练掌握撕的技法。撕出的各式条状，结合剪、折、卷技法改变造型，或是与剪出的条状相互拼贴于画面上，可感受线条的工整与率性交织的美感。

(二) 印拓之趣——创意印拓

有特殊纹理的人造物(自然物)，皆能运用印拓的方式复制其纹理之美。其他一些人造物材料，如瓶盖、叉子、衣夹、海绵等，也能用于印拓，以呈现不同于原物的造型意趣。

人造物印拓源自印章。创意印拓可以把任何有纹理的人造物作为材料，如海绵、布、泡沫块、轮胎、石膏模等均可进行印拓活动。例如：轮胎蘸上颜料推滚在画纸上所形成的轨迹(图 2-1-8)；或将气泡纸裁剪出形状后，蘸上颜料盖印，能创造出有趣的纹理(图 2-1-9)。善用随处可见的人造物印拓，不仅能享受创作的乐趣，体会艺术创作方式的多样性，还能感受与察觉纹理之美，体会动作与轨迹的关系(图 2-1-8)。

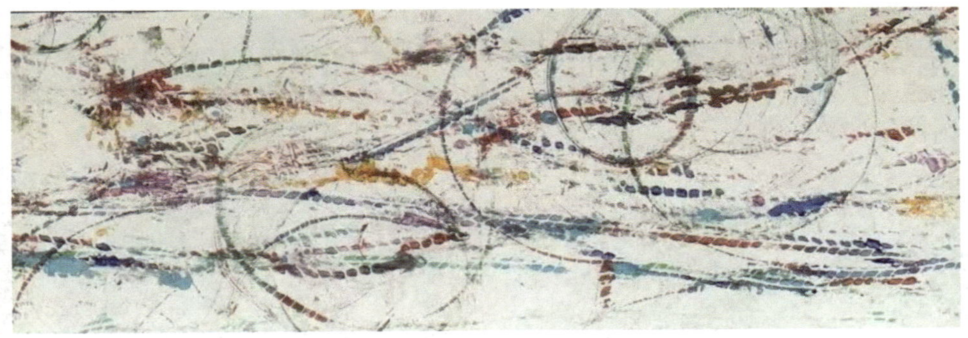

▲ 图 2-1-8　轮胎印拓

此外，运用生活中常用工具进行印拓，能创造出具有想象力与趣味性的作品。如图 2-1-10 所示，运用叉子作为工具所印拓出的毛毛的效果，就像狮子的毛发、刺猬的刺等。

▲ 图 2-1-9　气泡纸印拓　路颂贤

▲ 图 2-1-10　叉子盖印作品　路颂贤

（三）编织经纬——创意编织

我国传统编织工艺是以线绳、麦草、竹篾、藤条等为材料，创造出集编织、绘画于一体的独特艺术形式。对幼儿编织活动而言，可塑性高、易于弯折与绑绕的纸条与毛线较为适合，通过基本的编织方式，创作出独特的图样。

1. 毛线编织艺术

毛线是运用最广的一种编织材料，应用不同的编织工具与表现方法，比如织机编织、粘贴编织、曼达拉编织等等，可以创造出各种立体灵动、丰富多彩的艺术效果（图 2-1-11）。

▲ 图 2-1-11　编织

2. 创意编织

创意编织指运用横向与纵向的经纬线条有序交错缠绕，创造出具象或抽象的图像。例如：以废旧纸板制作的编织板为载体，依据想要表现的主题或风格，预先安排色彩与形状的排列组合方式，将毛线规则性地进行上下交错编织，再运用不同的人造物材料，如纽扣、吸管、毛根等装饰细节，创作出独特且多样的图样（图 2-1-12）。

视频

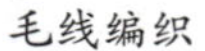

▲ 图 2-1-12　编织作品　盐池县第二幼儿园供稿

（四）创新表现——技法与材料综合运用

在日常生活中，有很多被我们遗弃的废旧物品，如看过的杂志，吃完的雪糕棒，各种包装盒、纸箱、泡沫、塑料袋等，都可以作为创作的素材。这些废旧物品形态各异，可塑性极强，将它们加以创作后，既装点了生活，又美化了环境。英国当代艺术家帕金斯（Jane Perkins）的作品和改造于日本浮世绘艺术家葛氏北斋的《神奈川冲浪里》（图 2－1－13）就是利用废旧物品进行创作的。

▲ 图 2－1－13　《神奈川冲浪里》名画改造　张琇雯

“变废为宝”是指运用废弃人造物进行创作，是幼儿园经常开展的活动。以下首先介绍“发现、探索材料”的基本方式，接着说明“变废为宝”的创新表现。

1. 发现、探索材料

在我们日常生活中，经常会有一些被丢弃的废旧物品。例如一张纸、一块碎布或一个空的饮料瓶，仔细观察一下它们的色彩、造型、质感，想想看，它们可以变成什么？两种以上的人造物拼组在一起，又可以变成什么？运用剪、折、撕、卷、揉等表现技法以及拼贴、彩绘、印拓、编织等方式，可以变幻出哪些造型呢？

2. “变废为宝”的创新表现

搜集各类废弃人造物之后，根据创作主题，选择合适的材料或针对材料特性（造型、色彩、质感）进行创意联想；再运用剪、折、撕、卷、揉等不同的表现技法，以及多样性的表现形式，如拼贴、剪切、填充、印拓、编织等，综合运用技法与材料进行创作，变幻出新造型（图 2－1－14）。

▲ 图 2－1－14　变废为宝的作品

三、经典人造物材料平面造型艺术品赏析

20 世纪 50 年代末期，产生的废弃物，法裔美籍艺术家阿曼将这些废弃的生活用品，以拼贴、堆砌、组合、增生、拆解等方式，创作出独树一帜的作品。这种为毁损、丢弃的废旧物品赋予新生命与新面貌，并改变物品原有意义的创作方式，被称为“集合艺术”（Assemblage Art）。

集合艺术家们将废旧物品“重复、复制”于同一画面中，以“体”和“量”的感觉加以呈现，借以记录生活的记忆与人类文明的转变，并希望观赏者能“真实地正视”消费物质过剩的问题。

（一）统一与变化——人造物拼组

图 2－1－15《闹钟》、图 2－1－16《无穷尽的打字机》、图 2－1－17《无题》就是由阿曼借助人造物材料完成的。作品皆是由相同、多件物品在同一画面中反复地排列，具有“单纯”“反复”“统一”“强调”之美，成为传达对周遭环境、生活文化、政治制度等的观点、思维与情感的媒介。不仅带给观赏者强烈的视觉印象，同时也能通过作品，看见艺术家诠释与再现历史文化、生活脉络的独特性记录，以及所传达的有关人类文明历程中的点点滴滴。

品读《闹钟》《无穷尽的打字机》，画面上排列有序的物品，在形体大小、色彩与造型，以及放置角度上有些许差异，让整齐一致的画面有些微妙的变化而不会显得呆板，呈现出“统一中有变化”的美感，以及“韵律”之美。

阿曼的这些作品，因物件的排列方式具有一定的变化，且呈现出具有速度感与力度的泼洒状画面，显

▲ 图 2-1-15 《闹钟》 [美]阿曼

现出作品情境的活泼性和生命力。《无题》画作上具有跃动感的色面与点，以及时而朝左、时而朝右，或上或下摆放的笔刷，构成看似纷杂却不失秩序性的画面。这一画面效果就是以相同的物品(笔刷)、相同的方向(笔刷皆在上与色面皆在笔刷下方)，将视觉上的跃动感寓于“统一”之中。可见，“统一当中有变化、变化当中有统一”的造型原理，在艺术家这里得到很好的运用与发挥，既观照全局、组织画面内容，又将画面的部分与部分、部分与整体以共通点加以统合，呈现“和谐而不呆板、活泼中有一致性”的美感，展现出完美的整体性。

▲ 图 2-1-16 《无穷尽的打字机》 [美]阿曼

▲ 图 2-1-17 《无题》 [美]阿曼

（二）动静之间——人造物印拓和构成

图 2-1-18《无题》、图 2-1-19《画家的刀和画布上的痕迹》、图 2-1-20《杨和邦》皆是将物品以放射状的排列方式，构成具有“辐射均衡”的美感。此外，这些作品中反复、交替呈现的相同物品，形成“反复”“统一”之美，并让画面产生节奏感，带来视觉上的“韵律”感。

比较这 3 件作品：《无题》中的小提琴，以秩序性的放射状排列构成最具有稳定感和均衡感的画面；《画家的刀和画布上的痕迹》中方向互异、上下交叠，以放射状排列的画具，呈现出最纷杂却不混乱的不规则秩序感，产生强烈的“爆炸性”动感；《杨和邦》中明暗色交错，如风扇般排列的手枪图样，表现出最强烈的韵律感，并如同《无题》(图 2-1-20)具有规律性的“秩序”之美。

3 件作品中数量繁多的物品，以规则或不规则的放射状排列，构成稳定而有韵律感、活泼丰富而不紊乱无章的画面，展现出动态性的韵律感。前 3 件作品(图 2-1-15、图 2-1-16、图 2-1-17)与之相较，则表现出较为静态性的韵律感。

▲ 图2-1-18 《无题》 [美]阿曼

▲ 图2-1-19 《画家的刀和画布上的痕迹》 [美]阿曼

▲ 图2-1-20 《杨和邦》 [美]阿曼

第二节 人造物材料立体造型

同自然物材料立体造型一样，人造物材料也有因材施艺、捏塑赋形、切割重构创型等表现形式。因此，在前续学习的基础上，结合经典立体造型艺术作品的赏析，应将加工、改造与创新，实践尝试、艺术实验与能力迁移相结合作为学习重点，有效提升造型能力和实践应用能力。

一、人造物材料应用与立体造型

人造物材料造型立意和塑造过程中，平衡组合与空间构成是需要把握的关键点。平衡包含重量感的平衡和视觉上的平衡。其中重量感的平衡影响作品的稳固性，而视觉上的平衡集中指向形状、大小、材质、方向等视觉上的平衡。对此，可利用色彩、明暗、配置等来创造视觉上的平衡效果。同理，采用“实”与“虚”空间交互变化的造型表现手法与组合，既能产生视觉上的平衡感、丰富作品的面貌，也能让观赏者从多种角度欣赏到不同的艺术效果，进而产生多元的审美意趣。进一步讲，虚、实在本质上也是一种平衡艺术。就物品本身而言，有稳定平衡、不稳定平衡、亚稳平衡和随遇平衡。

（一）因材施艺——纸盒添画

各式各样的纸盒是很常见的人造物。根据纸盒的外形想象，应用美的形式加以彩绘或拼贴，将其“变”成新的造型，赋予其新的含义与美感。例如：长方体的牛奶盒，可以变成小火车、高楼；保护电器的不规则形状的纸盒，能变成鳞次栉比的高楼大厦（图2-2-1）。以下以“纸盒变形记”活动为例说明。

▲ 图2-2-1 纸盒添画

案例：纸盒变形记。

工具材料：铅笔、记号笔、画笔、调色盘、水桶、不规则纸盒、油画棒、水粉颜料、水彩笔。

创作过程：

步骤一 感受与欣赏。运用感官知觉观察、触摸纸盒的纹理、形状、色彩，根据感受到的知觉与生活经验进行联想，通过“随形联想”引发想象力和感性的思维。接着欣赏相关作品，学习作品的表现手法与创意表现，通过由此激发的灵感，创造出富有故事性与创意性的作品。

步骤二 表现与创造。根据纸盒的造型特征进行想象，物象的大致形体确定后，开始“因材施艺”进行添画，运用水粉颜料、油画棒、水彩笔等，添加和描绘细节，表现造型的主题意义，创造出新的样貌（图 2－2－1）。

扩展与创新：

① 综合运用纸材的多种表现技法。运用剪、折、卷、撕、揉等纸材表现技法，改变纸盒的局部外形，使方形体或不规则形体有细节的变化。例如：挖剪出镂空的洞口；撕除部分形体，创造新样式；将剪或撕成条状的部分，用折、卷的方法改变造型；将剪或撕下来的纸片，用搓揉法改变造型，然后粘贴、装饰细节。

② 综合运用不同的材料、表现技法与表现形式。将纸盒以横向与纵向建构的方式，组成新的结构体，根据形体联想出欲表达的主题后，除了以彩绘添画细节、展现特征之外，亦能先将多种人造物，如毛线、皱纹纸、铝箔纸、彩纸、吸管、毛根等，以或剪或卷或折或搓揉的表现技法改变原有形体，再运用第一单元平面造型的表现形式——拼贴与印拓，将其拼组、粘贴、印拓、装饰于结构体上，能呈现丰富的肌理与多样性的图纹，为结构体创造出新的样貌。

（二）捏塑赋形——人造黏土塑形

黏土种类多样，有超轻黏土、化学油土、树脂土、陶土等。其中，超轻黏土捏塑较为容易，适合造型。超轻黏土具有轻柔、干净、不粘手等特质，颜色丰富且各色易于融合，操作简单，可以进行单一的操作，也可以进行步骤较多的复杂操作，可塑性较强。黏土在幼儿园美术活动中应用非常广泛，幼儿可以选择不同的颜色捏塑成任何造型。超轻黏土塑形多在主题活动中进行，根据不同的主题，选择相应的颜色，运用团、捏、搓、压等方法捏塑不同的造型，如可爱的小动物、城堡、甜甜圈、饼干、蛋糕等。以下以“美味的火锅”活动为例。

案例：美味的火锅。

工具材料：剪刀、工具刀、各色黏土、纸杯、纸盘、丙烯颜料、画笔、调色盘。

创作过程：

步骤一 感受与欣赏。首先，回想吃火锅的经验，回忆与火锅相关的物品，如锅、各种肉类、各种蔬菜等。其次，查找吃火锅时用的锅具、餐具以及食材等的图片，仔细观察各种物品的形状、颜色、肌理等细节。最后，欣赏吃火锅的影片、照片，深化生活经验的感受以及引发想象力。

步骤二 表现与创造。对火锅、各种食物以及吃火锅的经验有了充分的感知后，将各种颜色的黏土通过团、捏、搓条、压、切、组合等方法塑造出用品与食材，并用适当的工具，如牙刷、排梳、牙签、笔盖等生活物品，刻画物品的肌理。锅具、餐具也可运用纸杯和纸盘制作，再以黏土装饰细节。

图 2－2－2 为运用彩绘、捏塑的整合手法创作的作品，展现出对生活经验的感知与创作体验。

扩展与创新：

① 运用人造物品创造肌理。将黏土以团、捏、搓、压、切、组合等方法塑形后，运用尺、笔盖、钥匙、排梳、汤匙、筷子、叉子、钢刷等人造物品，在其上刮刷、压印，能创造出各式纹理并展现人造物品特有的形态，不仅能增加造型的肌理感、丰富质感，也能巧妙地将生活物品特有的形态转换为契合造型的新表征。例如：用钢刷拍印、轻刮出的纹理，像是肉片上的肌理；用尺刻画出青菜的叶脉；用笔盖在饼状黏土上压印，可以创造出莲藕片上的镂空造型……借以从中感受人造物品特有的形态之美与想象的乐趣，并学习运用随手可得的物品创作，培养创新表现的能力。

② 运用生活材料创造新表征。搜集生活中具有点、线、面形态的人造物，以多重感官认识与感受其特有的造型、色彩、肌理、质感，再以生活经验加以联想成与表现主题相契合的物品，并能运用剪、撕、卷、折、揉、搓等表现技法，改造形体，创造出新的形象。例如：将黑色的垃圾袋剪成条状，将其卷、粘后，会变成海带；将皱纹纸揉搓后展开，像是青菜；将数张小块皱纹纸叠加在一起，将其卷、粘后，再剪成小段，能变成葱

美味的火锅

▲ 图 2-2-2 美味的火锅

花……综合运用纸材与黏土的表现技法，为人造物材料创新造型，改变原有的指称，成为符合作品的新表征，不仅能丰富作品的内容、展现联想的趣味性，亦能触发对生活环境的觉察力，进而提高感知力与创意表现能力。

（三）切割重构创型——纸盒组建

纸制品、黏土、毛根条属于典型的可塑性高的低结构材料，可以随意改变形态，与具有固定外形和固定使用方式（如积木）的高结构材料相比，更有助于培养我们的空间想象力与动手实践能力。[①] 纸制品的种类多、造型多样，有纸盒、纸杯、纸板等，将这些材料相互组合搭建，再通过剪裁、切割、彩绘、拼贴等表现技法改造形体与样式，能创造出多样性的造型。以下以“百变纸盒”活动为例。

案例：百变纸盒。

工具材料：剪刀、美工刀、白乳胶、胶枪或胶棒、水彩笔、颜料、彩纸、毛根条、超轻黏土、各种纸盒。

创作过程：

步骤一 感受与欣赏。先运用多重感官观察、触摸各种纸箱，感受与比较纸箱的造型、纹理与质感的异同。再将各种纸箱组合、拼摆，根据形体与质感尽情想象，创造新造型。然后进一步欣赏、学习相关作品的搭建方式与改造形体的手法。

步骤二 表现与创造。整合运用垂直与横向建构的方式，将各种纸箱组合、拼摆，扩增作品，展现空间的多向度，丰富作品各个角度的样貌。确定大致的造型与稳固性后，将纸箱相互粘贴、固定。最后，选取水彩笔、颜料等进行添画或选取辅助性的材料进行装饰，如黏土、毛根条、彩纸等，丰富作品的细节、凸显造型特征（图 2-2-3）。

扩展与创新：

① 综合运用表现技法。综合运用如前文所述的剪、折、撕、卷、搓、揉等纸材表现技法与“减”法、“加”法，能创造出多样性的形态。在立体纸盒上，挖刻空洞、剪除部分形体或是加上其他物品，以剪除或扩增原有形体的方式改变纸盒的外形，创造“实”与“虚”空间（图 2-2-3 左）。综合运用这些方法，能创造出各式的造型、凸显形体的特征，培养“随形联想”“因材施艺”、计划性思考的能力，以及创新造型的表现能力。

② 运用不同的建构方式。纸杯亦是易于搭建造型的材料。将两个以上的纸杯，以横向、纵向或横纵结合的方式建构；将杯口接杯口、杯口接杯底或杯底两两相接；将完整与切除部分形体的纸杯相互组合，

① 史粤宁. 幼儿园美工材料“纸”的有效投放和多样性应用探究[J]. 知识文库，2020(12)：147.

百变纸盒

▲ 图 2-2-3 百变纸盒

能创造出多样性的造型。待组合出基本结构后，尝试运用粘贴法、插接法等加以固定，实验以不同的固定法呈现效果。再运用可塑性高的材料与不同的人造物材料进行拼贴、印拓，丰富作品的色彩与肌理，凸显造型的特点。

二、经典人造物材料立体造型艺术品欣赏

（一）一针一线牵童心——布玩具

布玩具在中国传统民间艺术中占有很大的比重，我国各地都有分布，虽然造型各异、风格不同，但都体现着较为一致的民间工艺造型思维①。各种棉布、绸缎、麻布、丝绢、绒布等人造布料都可以用来制作布玩具，可用棉线、丝线、毛线、金银线等来缝制，再辅以棉花、丝绵、碎布头、荞麦皮、高粱壳、干花以及各种植物籽实填充，有的还用中国结、珠子等做配饰。用材的自由使得布玩具的制作轻松随意、灵活多变。造型方法多是具象仿生，以动物为主，最常见的有虎、鱼、驴、蟾蜍、猴、鸡等。如图 2-2-4 所示，是北京、河北、山东一带的民间布玩具样式，包括十二生肖以及鱼、乌龟、布老虎、绣球等造型。制作者大胆运用简化的手段，把动物的外形高度概括成近似方形、圆形、三角形等几何形，并巧妙运用布料的色彩和花纹，再运用贴补、刺绣等手法突出表现物象的头部、五官等主要特征，有的还绣上了“福”字，寓意多子多福、年年有余，这是很多布玩具的特点。

民间布玩具大多运用红色、黄色等鲜艳明亮的色彩，具有很强的民族特色，体现着民间特有的审美情趣。如图 2-2-5 所示的老虎枕，鲜艳的大红绒布做老虎的头身，也是枕头的主体部分，两端的截面绣上老虎的眉眼、鼻嘴，上面四个角做老虎的耳朵，下面四个角为四条腿。团块化的造型处理、夸张质朴的手法、单纯明快的色彩，具有很强的装饰美感，投射出朴素简约的审美风尚，体现出极高的审美思维。

▲ 图 2-2-4 民间布玩具(1)

▲ 图 2-2-5 民间布玩具(2)

① 彭云. 中国传统布玩具中的民间造型思维[J]. 创作与评论，2012(10)：127-128.

（二）一剪一贴造神奇——立体纸雕

纸雕艺术具有悠久的历史，它是经过复杂的构思，把纸张剪切、雕刻成预想的形状，再进行折曲、叠压、粘贴组合而成的具有一定立体感的艺术形态。当代国内外的纸雕艺术会运用各种纸进行创作，综合运用雕塑与剪纸的手法和技艺，由一个个小单元组成大的整体造型，产生惟妙惟肖的美感，给人强大的视觉冲击力，具有很强的观赏性与实用性[①]。

如英国女艺术家布莱克威尔（Su Blackwell）设计的立体纸雕作品。她善于借助书进行创作，书中的内容常常赋予她灵感，她会把书翻开作为底座，也是作为土地，在上面制作树林、花草、房屋、山丘、人物、动物，所用的材料是这本书中的彩页、插图、文字等。她的构思非常巧妙，她把插图中需要的图像剪下来，一点一点地根据这本书的情节进行组合，还用文字部分做成建筑、人物等造型；她还会在有的建筑里面装上灯，散发出奇幻的光芒，营造出童话般的意境。布莱克威尔的纸雕让躺在纸上的文字与图像活起来，成为精美的纸雕艺术品，将文学的意境美幻化成逼真的艺术美，呈现了内容与形式的完美结合。她以睿智的巧思、精微的手法、逼真的造型、简约的装饰彰显了现代工艺的神奇魅力，在当代有着广泛的影响。

（三）飞上蓝天的手工艺品——风筝

风筝最早出现于我国的春秋时期。相传，墨子做“木鸢”、鲁班做“木鹊”被认为是最早的风筝。楚汉相争时，韩信做“纸鸢”，东汉蔡伦改进造纸术后，风筝得以普及，现代的风筝用绢布制作的比较多。风筝一般用竹篾、布、纸、线、轮轴等材料，通过剪、粘、画、印、扎结等方法制作而成。我国传统风筝用材丰富、手法多样，设计造型讲求“对称稳定”“整齐一律”；用色讲究主观理想，追求“鲜明艳丽”“协调统一”；取材和纹样符合中国传统审美观，具有吉祥的寓意，寄托人们对美好幸福生活的祈愿。由于地域特点和造型风格不同，出现了具有代表性的四个流派：北京风筝、天津风筝、潍坊风筝、南通风筝[②]。

图 2－2－6 是北京传统的沙燕风筝。燕子有大地回春的吉祥寓意，加之沙燕风筝用料讲究、造型稳固、装饰精美、色彩浓丽，飞得高、引线直，深受人们喜爱。图 2－2－7 是山东潍坊最具代表性的龙头蜈蚣风筝，原本是为感谢苍龙治理水患、祈求神龙降福于百姓而发明的，后得到普及。龙头蜈蚣风筝由数十个单元连缀而成，每一个单元绘制同样的图案，手法与当地的木版年画接近，造型简练优美、色彩艳丽鲜明、扎工精巧、风格粗犷，具有浓厚的生活气息和很强的装饰意味。图 2－2－8 是近些年流行的新型充气风筝，里面充氢气、氦气等较轻的气体，具有更轻便、易放飞、好收纳等特点，整体用塑料薄膜压制而成，制作不再依赖于手工，使得造型更为自由逼真，且具有立体感，广受人们喜爱。

▲ 图 2－2－6　沙燕风筝

▲ 图 2－2－7　龙头蜈蚣风筝

▲ 图 2－2－8　充气风筝

（四）装点夜色的手工艺品——花灯

花灯是我国古老的民间手工艺品，又称彩灯、灯笼，在我们的生活和社会活动中很常见，有着上千年的历史，早在东汉时期就出现了做工精致的“宫灯”[③]，之后出现了普通大众使用的灯笼。唐代之后，节日

① 张庆. 纸雕艺术的设计研究[D]. 沈阳：沈阳理工大学，2013：4.
② 张书珮. 中国风筝艺术研究[D]. 南京：南京师范大学，2013：5－16.
③ 张贻俐. 彩灯文化的传承及发展策略探析[J]. 艺术科技，2018(10)：158，186.

▲ 图 2-2-9 宫灯

赏灯的灯会进一步发展，现代新材料、新技术的加入使得花灯更具多样性与新奇性。

图 2-2-9 是传统的宫灯，最早是皇宫中用的，又称宫廷花灯，始于东汉，盛于隋唐，是中国花灯中最富特色的造型之一。宫灯制作工艺较为复杂，往往集合雕刻、扎制、绘画、书法、编结等多种工艺手法，外形多为八角、六角或四角形，在骨架上裱糊绢纱或镶嵌玻璃，并绘制图案，再在各个角和底部中心配挂玉佩、流苏。宫灯形制较大，悬挂于厅堂之上，以雍容华贵、充满宫廷气派而享誉世界，当今很多豪华殿堂和住宅也有用宫灯做装饰的。宫灯集艺术性与观赏性于一体。从艺术性来说，宫灯造型雍容华贵、富丽饱满，体现了中华民族中和、典雅的气质；从观赏性来说，宫灯不仅装饰精美，更表达了美好的寓意，如龙凤呈祥、福寿延年、吉祥如意、四季平安等，寄托了人们心中美好的愿望，传达出中华民族典型的中正圆融的审美心理及价值取向。

图 2-2-10 是现代的灯笼，用纸或纱糊在用竹篾或细铁丝做成的骨架上，形成多样的形态，多为圆形、椭圆形，造型自由浑融、玲珑别致。上面还可以用书法、绘画、剪纸、印染、刺绣、编结等手法进行装饰，里面点蜡烛或用灯泡照明，有的还配上流苏，可悬挂亦可手提。灯笼一般在节庆的时候悬挂，增添喜庆的氛围，上面的文字与装饰不仅呈现出绚丽的视觉效果，而且传达着人们美好的愿望与祝福，体现了人们朴素和美的审美观。

▲ 图 2-2-10 灯笼

中国元宵节迎花灯的习俗已有两千多年的历史，长久以来形成了各具特色的花灯，如自贡花灯、仙居花灯、泉州花灯、北京花灯、秦淮花灯、上海花灯、台湾花灯等。现代花灯艺术在传统技艺的基础上有了飞跃的发展，不仅综合了多种材料、多种工艺、多种装饰技巧，还融入了很多高科技手段，如结构学、力学、电学、光学、材料科学、美学等，制作的体量也逐渐增大。许多地方在节日举办大型灯会，还出现了集舞蹈、表演于一体的舞灯、灯戏等艺术形式。

各地的花灯造型各异，色彩斑斓。如图 2-2-11 是取自民间的舞狮造型，一对威武的彩狮站在高跷上戏耍着漂亮的彩球，地上还有几个散落的小球，整体结构主次分明、生动传神；图 2-2-12 是两个卡通小精灵在欢迎观众的到来，胸口的篆书“和”“美”两字点明了花灯的主题，背后和脚下是我国传统花卉纹样的造型，象征世界和谐美好。花灯形象的结构和装饰图案的轮廓、色彩一般是预先在丝绢上印好，再裱

▲ 图 2-2-11 花灯(1)

▲ 图 2-2-12 花灯(2)

糊在预制的骨架上。花灯的光源随科技的发展有了多种颜色，还可以变色、闪色，极大地丰富了花灯的观赏性。现代科技手段使花灯的制作工艺更加精细逼真、惟妙惟肖。我国的节日花灯多以红色、黄色为主，辅以其他色彩，在夜色里格外绚丽夺目，烘托出节日喜庆、欢腾的氛围，展现出中华民族特有的审美情趣，表达了人们对生活的热爱和对未来的美好憧憬。

第三节　人造物材料造型在幼儿园中的应用

艺术领域中的美术教育活动和幼儿园教育环境是实施美育的重要途径，能够提升幼儿感知美、欣赏美和体验美的能力，丰富其想象力和创造力，引导幼儿学会用心灵去感受和发现美，用自己的方式去表现和创造美。因此，师范生应将上述所学应用、迁移到学前教育实践中，并在实践中不断提升教师职业素养和专业技能。

一、人造物材料平面造型应用

《指南》提出，艺术领域的目标在于培养幼儿能感受与欣赏生活中美的事物以及多种多样的艺术形式和作品，能运用视觉语言表达认知、想象、情感与思维，以不同的艺术形式与表现方式进行创作。因此，教师除了提供自然物材料之外，还要提供人造物材料，引导幼儿探索人造物材料的纹理、质感、造型、色彩等特点，观察与体验人造物材料之美，运用拼贴、印拓、编织等不同的创作方式，丰富造型经验与表现手法，提升应用与创造视觉语言的能力。

（一）在教育教学活动中的应用

幼儿在自然物平面造型的创作基础上，运用人造物进行拼贴、印拓、编织等创作，能体会到自然物材料肌理变化的趣味和美感，丰富审美与创作经验，并能进一步借形想象、借物创型，提升创造美、应用美的能力。

1. 拼贴活动

案例：哇！大鲨鱼。

适用年龄：中班以上。

工具材料：胶水、黑色勾线笔、黑色卡纸、彩色卡纸。

创作过程：

步骤一　感受与欣赏。欣赏前文运用随意和计划性撕纸方式创作的作品（图2-1-5至图2-1-7），感受不同表现方式所呈现的视觉效果，以及艺术的多样性之美。接着介绍鲨鱼的外形、特征，运用撕纸技法，将撕成长条状的纸条再撕成小块状与三角形。进一步思考：方块与三角形能当成鲨鱼的什么部位、表现哪些特征？多个纸块密集或分散拼组，会呈现什么效果？（感知、思辨形状的表征与排列方式展现的视觉感）

步骤二　表现与创造。运用剪或撕的方式将黑色卡纸创作出鲨鱼的外形，将其贴在已绘有色彩的底纸上。再用各个纸块贴出鲨鱼的头部、嘴部、尾部、鱼鳍、腹部等。最后在画面上添绘景物与细节。让幼儿通过撕贴，灵活掌握撕的技法，感知色块拼组的美感，并于作品中表现出个人的认知与想象（图2-3-1）。

▲ 图2-3-1　哇！大鲨鱼　张先芝

2. 印拓活动

案例：好吃的枇杷。

适用年龄：小班以上。

工具材料：水粉笔、水粉颜料、海绵棒。

作品底材：国画圆形裱纸。

创作过程：

步骤一 感受与欣赏。观察枇杷的外形、色彩与特征，结合享用枇杷的经验思考：用什么色彩、图像、造型能展现枇杷的美味？再进一步赏析相关艺术品。经由亲身体验与直接观察，加深对枇杷的认识与感受，并能欣赏艺术家的表现方式。

步骤二 表现与创造。首先，介绍海绵棒，并示范印拓方式，说明海绵棒盖印出的形状代表枇杷；接着，请幼儿将国画圆形裱纸想象成圆盘，用蘸上颜料的海绵棒在上面印拓、“摆放”枇杷；最后，运用水粉笔添画细节与景物，如枇杷的枝叶等。

引导幼儿对印拓出的生活用品造型加以联想、创作，能让幼儿对生活寻常之物有更敏锐的感知，并能提升其“随形联想”的创造力。让幼儿能运用视觉符号与色彩，表现对事物的认知与感受，创作出具有个人思维与情感表现的作品（图 2-3-2）。

▲ 图 2-3-2 幼儿盖印作品《好吃的枇杷》 张先芝

3. 编织活动

案例：羊驼的新衣。

适用年龄：中班以上。

工具材料：画有羊驼的卡纸剪纸、剪刀、勾线笔，彩色毛线、毛球、铃铛等。

创作过程：

步骤一 感受与欣赏。欣赏编织艺术品以及生活中的编织物，如围巾、毛衣、手套等。通过视觉与触觉，比较各个物件织纹与图样的异同，欣赏编织图纹的秩序性与反复性之美，以及经纬线条交织的韵律之美，进而了解织纹与图纹由经纬线条相互交错组织而成。

步骤二 表现与创造。运用编织的基本方法——缠绕法以及绑紧毛线、收口的方法，将毛线缠绕于羊驼造型的卡纸上。可以采用不同的颜色搭配，并以毛球和铃铛装饰，表现出个人的审美喜好（图 2-3-3）。

▲ 图 2-3-3 羊驼的新衣 张先芝

对幼儿来说，纸条编织较毛线编织更易于掌握与操作。纸条编织是指将纸质材料剪裁成纸条后，将这些条状纸按照各种编织的技法进行创造。

例如，浙江省丽水某幼儿园的纸条编织作品(图 2-3-4)，教师先用一张具有造型的彩色卡纸吸引幼儿的兴趣，幼儿根据自己的喜好选择相应的彩纸，彩纸上教师已用刀划出了横向的平行线，幼儿选择不同于卡纸颜色的纸条纵向进行上下交错编织即可。通过该活动，可以提高幼儿的手眼协调能力与小肌肉的灵活性，培养专注力与序列性的逻辑思维，并感受大小色面有序交织的秩序美。

图 2-3-4　纸条编织作品

（二）在环境创设中的应用

平面造型在幼儿园环创中的应用，不仅能赋予作品灵动的生命力，形成强烈的艺术感染力，还能使幼儿园的每一个角落都呈现出互动性、多元化的艺术氛围。这样的环境才能真正赋予幼儿更多的思考和回味，引发幼儿对生活的感悟，体会生活环境中的平面造型之美。

1. 体现办学理念和主题活动的环境创设

幼儿园过道、大厅和户外的环创体现着该幼儿园的办学理念。例如，将人造物依据美的法则、色彩搭配原则布置环境，能创造空间的层次变化、营造园本文化的情境，在和谐的色调与反复、统一的造型装置中，凸显园所特色。幼儿园的班级环创体现着这个班正在进行的学习主题。例如，运用纸材表现技法，创作出各种具有肌理与层次变化的造型布置主题墙，能为平面式的主题墙增添丰富的视觉效果，营造生动的情境。此外，运用清晰、有序的构图方式，能统合丰富多样的形体，创造"统一当中有变化"的视觉美感(图 2-3-5)。

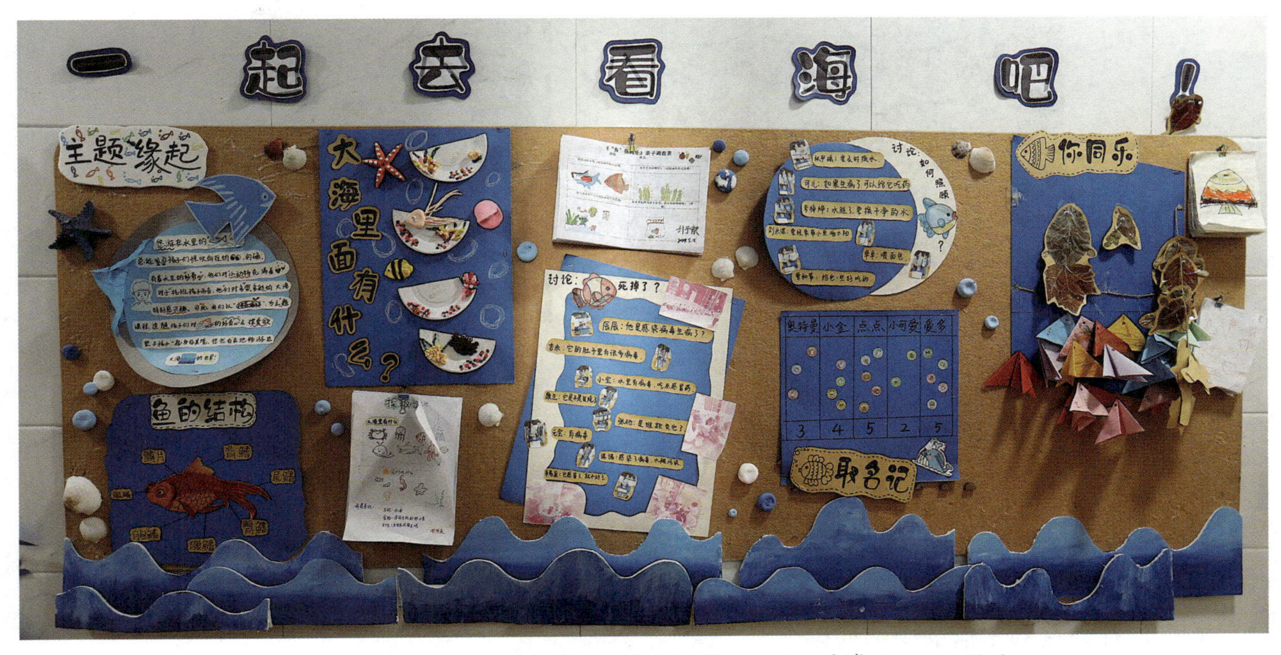

图 2-3-5　《一起去看海吧!》班级环创　日照山外博雅幼儿园供稿

2. 具有展示和教育功能的环境创设

区角的环境创设要立足于幼儿的已有经验，贴近幼儿的生活，幼儿才能自觉地加入区角探索游戏中。有些区角的环境创设是对主题活动的延伸，能拓展幼儿的知识面，对幼儿的学习和生活有很大的推动作用。善用人造物特有的造型、色彩和肌理，根据点、线、面的形态与美的原理相互搭配，能为区角装点出鲜明的风格，凸显区角的功能，营造与区角活动相应的学习氛围(图 2－3－6)。

此外，将人造物材料以彩绘、拼贴、印拓、编织等方式创作出造型和图像，作为区角的功能牌(图 2－3－7)和吊饰(图 2－3－8)，有助于引导幼儿认识区角活动的主题、区角的功能与属性，并能变化空间、丰富情境。

▲ 图 2－3－6　区角环创　日照山外博雅幼儿园供稿

▲ 图 2－3－7　功能牌　路颂贤

▲ 图 2－3－8　吊饰　日照山外博雅幼儿园供稿

二、人造物材料立体造型应用

人造物立体造型活动，即在平面造型的基础上，再度应用“借形想象”“借物创型”的方式，通过垂直与横向建构的基本造型手段，创造出具有空间性、体量性以及能多角度欣赏的作品。

(一) 在教育教学活动中的应用

生活中随手可得的人造物以及低结构性、易于搭建组合的人造物材料，能激发幼儿的创作动机，使幼儿爱上艺术创作，进一步培养其从生活中汲取创作材料与灵感的能力。

1. 因材施艺——瓶子添塑

瓶子在人们的日常生活中随处可见，如饮料瓶、牛奶瓶、酒瓶等，其形状、大小、颜色、材质各不相同，造型丰富。幼儿可以依托瓶子的外形展开联想，然后添加辅助性的材料，如黏土、毛根条等，进行组合、粘贴，创造新造型。以下以“瓶子大改造”活动为例。

案例：瓶子大改造。

适用年龄：中班以上。

工具材料：剪刀、美工刀、白乳胶、胶枪或胶棒、各种各样的瓶子、各色黏土、硬纸板、彩纸。

创作过程：

步骤一 感受与欣赏。运用感官知觉观察、触摸瓶子的形状、色彩以及材质，根据感受到的知觉与生活经验联结进行“随形联想”，并欣赏相关作品，学习作品的组合方式与表现手法，将前文“纸盒变形记”(图 2-2-1)的单一材料创造形体的经验，扩展至多物拼组出复杂形体的“因材施艺”。

步骤二 表现与创造。根据瓶子的造型特征进行想象，确定物象的大致形体后，开始进行创造性改造，运用黏土、硬纸板等辅助性材料，以及剪、挖、切、拼插、组合粘贴等方法，添加细节和丰富造型样式，创造有意义的主题(图 2-3-9、图 2-3-10)。

▲ 图 2-3-9 瓶子添塑作品

▲ 图 2-3-10 瓶子大改造

扩展与创新：

综合运用“减”法、“加”法。将较薄软的塑料瓶割剪出洞口，用“减”法创造实体与镂空交织的造型；再运用其他媒材，以粘贴、绑绕、插接等做“加”法的方式，固定于瓶子上，丰富造型样式，创造出多样的图纹。运用不同程度的“减”法、“加”法，能创造出各式的造型，培养空间概念以及创新造型的能力。

2. 搭建创型——彩棒结合黏土造型

案例：魔幻空间。

适用年龄：中班以上。

工具材料：彩棒、黏土、底板。

创作过程：

步骤一 感受与欣赏。首先动手尝试、思考：以彩棒为主的结构，黏土用于接合彩棒，搭建出立体造型的手法。搭建手法大致有随意搭建与特意造型两种。随意搭建是指以较大块的黏土为基底，在其上插上不同方向的彩棒，再用小块的黏土粘接，延展彩棒的长度，增加空间的向度，此种手法能搭建出不规则的立体形体。特意造型是指将彩棒置于桌面上，排列成大小不等或相等的三角形、方形等几何形，再用黏土接合各个彩棒的交接处；完成数个几何形后，再用黏土将各形体相互接合，即能创造出几何的立体形体。例如：数个三角形能搭建出三角锥体，数个正方形能搭建出正方体，数个三角形加上数个正方形能构建出金字塔体。

了解搭建的基本方法后，欣赏与学习相关作品的表现手法与形态，感受造型美和颜色搭配之美，借以扩展思维、提升创造美的能力。

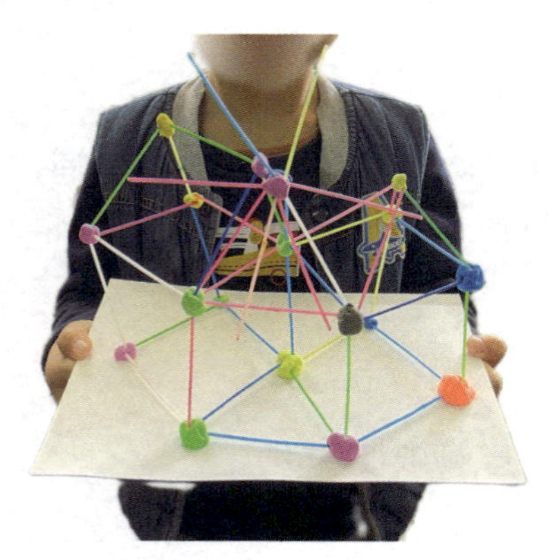

▲ 图 2-3-11 魔幻空间

步骤二 表现与创造。有了充分的感受、了解后，使用材料进行组合搭建(图 2-3-11)。搭建过程中，注意结构的稳固性与造型美感，并可根据造型需求，改变彩棒的长度与粗细。此外，完成整体造型后，可从不同角度观看、思考，是否需要在各个面上做变化。例如运用可透光的玻璃纸或不透光的彩纸等纸材，粘贴装饰于各面，借以丰富作品不同角度的样貌。

扩展与创新：

① 运用不同的人造物搭建。试着找一找生活中条状形态的人造物，并尝试运用剪、卷、缠绕等方法改变形态；再进一步思考、实验：用何种方式或材料能将其相互组合、固定，进一步交互搭建出立体造型。例如：改用毛根条搭建，并运用卷和两条交互缠绕的方式等，改变毛根条原有的形态，接着运用黏土或用毛根条绑绕的方法，固定毛根条的相交处；或是运用可弯吸管搭建，用毛根条连接不同向度的吸管，进行组合搭建创作。

② 验证与创新搭建方法。尝试运用可塑性高的条状人造物，试验用不同媒材、不同表现技法对搭建的方式产生什么影响，并比较搭建出的造型的差异。这些试验历程，能提升运用材料与表现技法创造形体的能力，体会重量、形体、向度与整体结构稳固性的关系，培养空间感与创新造型的能力。

（二）在环境创设中的应用

人造物立体造型在幼儿园环境创设中，无论是在室内还是室外均得到广泛的应用。它通过视觉、触觉的感知，以材料的基本形状为基础，借助材料的大小、长短、质感、色彩，变换不同的角度进行造型，再按照一定的方法进行连接，创造出富有个性和审美价值的新形体展现在环境中。它不仅关乎幼儿的视觉、触觉、空间想象的表现，也是情感的表达。

1. 室外环境

幼儿园的建筑及购置或自制的大、中、小型玩具以其独特的立体造型深受幼儿的喜爱，然而最受幼儿青睐的还是能满足幼儿尽情造型、塑形需求的可变环境。比如，利用人造物在沙池游戏区进行的塑形活动。

如图 2-3-12 中，幼儿将木板带到沙池进行搭建，在搭建过程中分工明确，有的负责用木板造型，有的负责用沙子将木板造型底部填埋、固定，有的站在一旁专注地审视并提出改进意见……幼儿在搭建游戏中尽情地设计、交流、改进，在塑形、造型与“变形”的过程中享受着无穷的乐趣。人造物立体造型在户外环境中的应用不在其复杂，而在于方寸之间给幼儿带来的那种与天地共存、充满自然能量的感受。

▲ 图 2-3-12 幼儿园户外沙池游戏区

2. 室内环境

在室内环境创设中，人造物立体造型主要应用于公共区域和班级环境。

（1）公共区域

随着《指南》的落实，纯装饰性的室内环境创设已经逐渐不再使用，人造物立体造型因其材料的丰富多样、创作的便捷，在幼儿园的大厅、楼道随处可见，尤其各种幼儿作品，别有一番童趣。如图 2-3-13 所示，幼儿在几把废旧的椅子上大胆涂鸦，可以随意变换横、竖、倾斜等不同的姿态，形成不同的造型，展示在楼道的角落，既能满足幼儿的创作需求，又激活了幼儿的造型灵感，使整个环境充满了一种灵动的美。

▲ 图 2-3-13 幼儿园楼道

（2）班级环境

富于美感和独特创意的班级环境，离不开人造物立体造型材料的投放、作品创作及环境设计，这是对幼儿园教育理念最好的诠释，也是教师专业化的体现。

① 运用点状和线形材料创设。点状和线形材料包括珠子、纽扣以及各种线、绳子等。如图 2-3-14（左图）所示，用黑色纸绳编织的大大小小的球，用线悬挂于空中，点和线的立体造型在环境创设的应用中，表现出一种空灵的美感。点状材料因其形状较小，在视觉感受中有凝聚视线的特点；线形材料是构成立体造型不可缺少的要素，点、线经常以连续排列、间接排列、密集排列等不同的组合方式，构成千变万化的空间环境（图 2-3-14 右图）。

▲ 图 2-3-14 幼儿园吊饰

② 运用立体材料创设。立体材料如纸箱、纸筒、瓶瓶罐罐、木块等，都具备自身的基本形态，是进行立体造型的基础，各种立体材料可以与其他材料共同塑形，也可以做切割变化，组成各式各样的新造型。如图 2-3-15 中，教师借助各种纸箱原有的造型，重新塑形创作的区角游戏的入口、收银台等，既形象生动

▲ 图 2-3-15 幼儿园区域塑形

美观，又能激发幼儿参与游戏的热情。

单元小结

人造物材料具有特殊的人造纹理与质感，以及多样性的色彩与造型，不仅是感知美和创造美、体验美的主要媒介，也是造型的重要材料。

可塑性高、低结构性的人造物，能通过拼贴、印拓、编织等表现形式，呈现各种造型样式与画面肌理，也能运用不同技法改变造型，创作出风格多样的平面造型作品。

创作立体造型需要掌握的要点：平衡组合与空间构成。平衡包含重量感的平衡和视觉上的平衡。空间构成指采用“实”与“虚”空间交互变化的组合。

平面造型的生活物品是人类实践美的行为结果与多元表征，也是审美价值与生活文化的再现。例如清代皇室炕毯和手工艺活计，展现了中国文化寓意于图像中的意趣以及编织绣缝的匠艺之美。集合艺术家以拼贴、堆砌、组合、增生、拆解等方式，将废弃的人造物创作出具有“统一与变化”“律动与静态”之美的平面造型艺术品。布玩具、风筝、花灯等民间立体造型艺术品，展现了地域审美喜好和传统文化之美；现代立体纸雕运用精湛的纸工工艺，呈现出空间层次的变化及光影交错之美。这些用人造物材料创作的平面与立体造型艺术品，是社会生活以及生活环境的美术现象与艺术表征，通过欣赏与品味，能促进审美理解，丰富审美经验，提高师范生的审美素养。

运用人造物材料进行平面与立体造型的表现形式，设计艺术领域教育教学活动，创设幼儿园室外与室内环境，将审美教育落实于幼儿园，能培养幼儿的艺术造型能力，营造具有人文气息与美感的情境。

思考与练习

1. 综合运用拼贴、印拓、编织等表现形式，根据人造物材料的肌理、质感、造型与色彩的特点，创作一件平面造型作品。

2. 搜集生活中的人造物材料，通过对其特点、质感、造型与色彩的联想，综合运用因材施艺、捏塑赋形、切割重构创型的方式，创作一件立体造型作品。

3. 参考平面造型活动中“变废为宝”的创新表现案例，搜集各类废弃人造物，综合运用技法与材料，创作一件立体造型作品。

4. 根据立体造型活动中“扩展与创新”的提问与思维方式，运用多元材料以及多样性的造型方式，创作一件创新造型的立体作品。

5. 请分析作品《闹钟》(图 2-1-15)、《无穷尽的打字机》(图 2-1-16)、《无题》(图 2-1-17)的造型特点、造型手法与美感特质，并说明个人的审美观点。

6. 结合学习体验，设计一个运用人造物材料进行拼贴、印拓、编织的幼儿园平面造型教育活动设计与实施环节的过程性活动方案。

7. 根据幼儿园的环境特色与教育理念，以及幼儿需求、学习兴趣与经验，运用三种以上人造物，创作一个可以用作区角或活动室某一环境的挂饰。

第三单元
创意绘本设计与制作

学习目标

1. 了解绘本的特点和样式，掌握制作绘本的方法与步骤，并整合前期所学的绘画类、平面及立体造型等表现形式，自制绘本。
2. 了解与掌握撰写脚本的流程和要点，进行文本策划。
3. 掌握不同类型绘本的制作方法，根据幼儿年龄特征和认知特点，设计与制作幼儿园教育教学活动中的创意绘本。
4. 掌握绘本的特点和元素，根据已有创作经验、审美知识与审美经验，结合幼儿园区域资源加以拓展，将其有机融入幼儿园教育环境创设之中。

内容结构

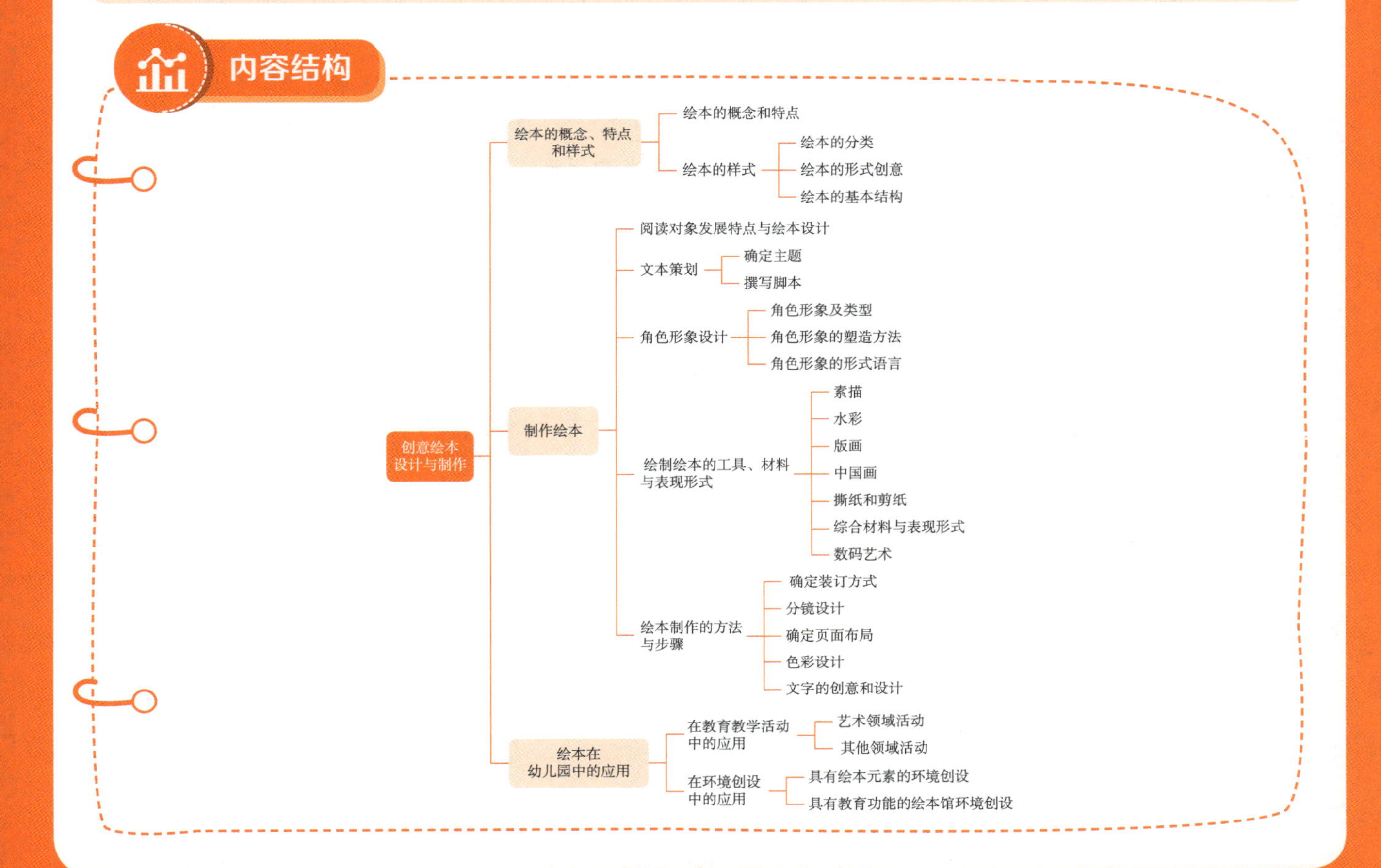

第一节 绘本的概念、特点和样式

认识绘本的概念、特点、样式，了解其分类、形式和结构，是师范生自制绘本、为幼儿选读绘本、编写幼儿园教育教学活动中的创意绘本制作方案，以及创设具有绘本元素的教育环境所需掌握的基本知识。

一、绘本的概念和特点

“绘本”属于舶来词语，源自日语“えほん”，本意是日本为了区别英语中“Picture Book”与日语中有关佛教“绘卷”等词语，创造了“绘本”一词，意为“画出来的书”。我国台湾地区则直接使用英语单词的直译——“图画书”，其最早于20世纪60年代在我国台湾地区萌芽发展，并经由台湾风靡全国。

绘本最大的特点在于图画和文字两种元素相辅相成，构成“以图为主、图文互补”的编排方式，即图画是绘本的主体，占据主导地位，承接整个绘本故事；文字配合图画出现，引导或者帮助读者进行深入解读。日本绘本之父松居直在《我的图画书论》中指出：“图画书的特点在于文和画之间有独特的关系，它以飞跃性的、丰富的表现方法，表现单靠文章或图画都难以表达的内容。”①绘本通过图文相互融合与信息交织传递的方式，推动故事发生和情节发展。也正是由于这种特性，绘本更适合儿童和少年读者。本书主要讲述幼儿绘本。

二、绘本的样式

幼儿绘本是与成人绘本相对的概念，根据儿童心理学对儿童发展年龄的界定，特指以0～6岁年龄的幼儿为目标读者所创作的绘本。幼儿绘本具有其自身的特点和形式。一方面，绘本“以图为主、图文互补”的编排方式，强化了幼儿的阅读体验感，形成了幼儿绘本独特的互动性、故事性；另一方面，幼儿绘本在原有平面纸质媒介的基础上，形成了多样的开本形式和多种展现形态，能更好地吸引儿童阅读的兴趣。

（一）绘本的分类

绘本的类别众多，不同类型的绘本会给幼儿传递出不同的功能与作用。一般来说，可以从以下三方面进行分类：从绘本的主题内容上，可以将绘本划分为认知型绘本、情感型绘本等；从绘本的创作手法上，可以将绘本划分为手绘绘本、手工绘本、摄影绘本等；从绘本的呈现方式上，可以将绘本划分为纸质绘本、电子绘本、有声绘本等。

（二）绘本的形式创意

1. 材质的创意

绘本的材质可以说是丰富多样，为了强化感知力，一些绘本会借助材料引起幼儿的兴趣。比如，用某种特殊香料的环保油墨来印制以表现美味的食物，采用一些有质感的材料替代平面的图画。幼儿阅读的时候，除了可以看，还可以触摸、操作，甚至可以听，这样会调动幼儿的多种感官进行参与，丰富阅读经验与感官体验。

2. 样式的创意

绘本吸引幼儿最关键的要素是“有趣”。对于幼儿来说，看一看、听一听、摸一摸、闻一闻都是他们对这个世界探索的方式。因此，在形式表现上绘本是多变的，如洞洞书、翻翻书、拉拉书等，能满足探索欲望和提高阅读兴趣。

（三）绘本的基本结构

绘本的形态多种多样，绘本的结构同样也是种类繁多。因篇幅有限，本文仅讲解传统平面纸质绘本

---

① ［日］松居直．我的图画书论［M］．季颖，译．长沙：湖南少年儿童出版社，1997：216.

的基本结构。一般来说，传统平面纸质绘本包括封面、封底、环衬、扉页、正文等部分（图 3-1-1）。由于绘本独特的设计方式，创作者们往往会在封面、封底等部分与整个内容相关联，设置独特的细节。

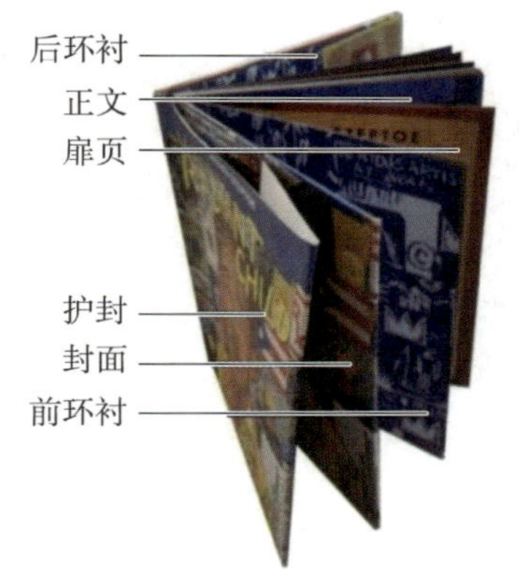

▲ 图 3-1-1　传统平面纸质绘本的基本结构

1. 封面和封底

拿到绘本，最先看到的就是封面。封面是影响幼儿是否开始阅读的最重要因素，封面上的图画涵盖了故事最重要的元素，能够烘托绘本的整体氛围，确定绘本的主要风格。所以封面既要体现绘本的内核与精神，又要吸引读者的注意。

当我们读完绘本，封底的内容也不容错过。由于绘本的独特设计，封底上的信息有时非常丰富，大部分封底与封面相呼应，有的甚至需要与封面连在一起做欣赏和讨论，有的则是故事的结尾与延续，也有些封面与封底连起来是一个画面。

2. 环衬

环衬也称为蝴蝶页，是绘本区别于其他书籍的主要特点之一，它一般出现在封面之后（前环衬）和封底之前（后环衬）。环衬展示的是整个故事的情绪基调，突出故事主题的艺术设计，风格与书的整体装帧一致。

3. 扉页

扉页也叫书名页，安排在环衬之后、正文之前，内容除了书名还有作者名、出版社信息等。扉页的设计一般比较简单，有大量的留白，通常会出现主人公形象。有些绘本会在扉页上交代故事发生的前情或埋下悬念，为正文做好铺垫和情境的营造，其功能与封面相近。有些设计师会特别用心地在扉页上做文章。

4. 正文

正文是绘本的主体，包括扉页之后、后环衬之前的所有文字与图画构成的内容，绘本的叙事过程基本上在正文内完成，其主题、情节、情感、意蕴等也是通过正文传达的。对于绘本来说，可读性和趣味性是至关重要的，所以绘本中的页面布局、文字的编排、故事节奏与画面留白都要经过精心设计，从而提高幼儿的阅读兴趣。

第二节　制作绘本

师范生须具备制作语言领域教材教具、设计幼儿创制绘本活动方案、创设教育环境以及保教实践的专业能力，因此应用本系列三册所学的知识、技能和审美经验制作绘本，是培养这些能力的基础。

一、阅读对象发展特点与绘本设计

在设计绘本之前必须确定阅读对象，并深入思考内容和表现手法，关注不同年龄段幼儿的认知、阅读特点，使用符合幼儿认知能力的图像和文字，满足幼儿阅读需要。不同年龄段幼儿发展特点和绘本设计要求详见表 3-2-1。

表 3-2-1　各年龄段幼儿发展特点与绘本设计

年龄段	幼儿发展特点	绘本设计
0～2 岁 感知运动阶段	语言能力形成，自我意识萌芽，通过看、抓和嘴的吸吮来了解外部环境	色彩柔和、图形简单，多重复 用料安全较厚实，如纸板书（圆角） 质地柔软，如布艺书

续 表

年龄段	幼儿发展特点	绘本设计
2～7 岁 前运算阶段	词汇得到发展、自我为中心、动手能力增强、好奇心强，具有泛灵性	色彩丰富、插图较复杂 有精彩迂回的故事情节 可以互动的图书形式
7～11 岁 具体运算阶段	心智得到飞速发展，思维有一定的逻辑性，但仍需要具体事物的支持	较多文字的短篇故事、图文并茂

0～3 岁婴幼儿主要通过绘本来认知和感受世界，在绘本设计上应更注重绘本的材质与安全性；3～6 岁幼儿在语言和动手能力上都在逐渐增强，在绘本设计上可以采用不同的开本、形式、题材和角度，为不同特点的幼儿设计丰富的绘本作品；6 岁以上儿童具有一定的逻辑思维能力，在绘本设计上可以通过图文结合的方式讲述故事。

二、文本策划

文本是指书面语言，是信息的载体，对绘本而言就是图画与文字。文本的基本要素包含主题以及由情节、场景、角色构成的故事脚本，文本策划即以这几项要素依序展开。

（一）确定主题

绘本主题的选定，通常基于幼儿的日常生活经验、对周围事物及身处环境的兴趣与观察体验等，是围绕与其自身密切相关的经验与生活环境议题展开，或是据此扩展编写出的具有想象性或科幻性的内容。主题类型与推荐绘本详见表 3－2－2[①]。

表 3－2－2　幼儿绘本的主题类型

主题类型	推 荐 绘 本
智慧开启	《是谁嗯嗯在我的头上》《鸭子骑车记》
情绪管理	《生气汤》《糟糕，身上长条纹了》
哲学启蒙	《鱼就是鱼》《一半？一半！》
人际交往	《我的兔子朋友》《我有友情要出租》
美学鉴赏	《小黄和小蓝》《母鸡萝丝去散步》
亲情体味	《猜猜我有多爱你》《团圆》
品德习惯	《蚂蚁和西瓜》《肚子里有个小火车》
自然观察	《大洞洞小洞洞》《山田家的气象报告》
想象创造	《疯狂星期二》《这是谁的脚踏车》

（二）撰写脚本

脚本是绘本创作的基础底稿和依据，通常以文本或文图结合的形式呈现。绘本脚本的撰写应基于幼儿的生活实际，密切联系幼儿的认知水平与情感体验特点，对幼儿喜闻乐见的儿歌、童话故事等幼儿文学作品等内容进行改编、再创作，也可以结合幼儿日常生活、游戏活动、行为习惯、情境感悟等经验或能力发展需要进行原创绘本故事脚本的写作。撰写脚本流程如图 3－2－1 所示。

① 张克顺. 简易原创低幼绘本的创意设计与制作[J]. 新阅读，2020(11)：27－29.

确定主题 ➡ 收集素材 ➡ 提取创意 ➡ 撰写脚本

▲ 图 3-2-1 撰写脚本流程

1. 确定主题

绘本的主题宜从幼儿生活的家庭、托育环境中寻找适宜的、幼儿关注度较高的、易于引发情感共鸣与想象力的内容作为幼儿绘本表现的基本来源，并根据不同年龄段幼儿的生理和心理发展特点、成长规律的需要，来确定幼儿绘本将要表现的主题。

2. 收集素材

幼儿生活中常见的事物或事件作为内容素材，最易引起幼儿的兴趣与共鸣。例如喜欢的小动物、种植的花草、生活中的奇闻趣事、四季的变化、亲人同伴等皆可以入画。

3. 提取创意

创意的灵感源自现实的环境和创作者本身的真实体会。将自身的情感与想象融入故事，设计吸引幼儿的角色形象，以及意料之外、令人惊喜或有趣的情节，能创作出令人回味的故事。

4. 撰写脚本①

脚本的创作需要注意以下问题：有哪些人物形象？发生了什么？什么时候？在哪发生的？怎么做的呢？蕴含着哪些道理呢？简单来说，即以绘本故事的主题为线索，将时间、地点、人物以及事件的起因、经过和结果联结起来。创作者还需注意，在撰写脚本的过程中故事的发展要具有镜头感和画面感，这样有助于后续的绘本绘制工作。

案例：自编故事《小毛虫》(杜金璠)

确定主题：以“四季”为主题，创作一本分别以春、夏、秋、冬的景色为背景的绘本，讲述一片树叶与一只毛毛虫的故事，引发关于友情与爱的意义的思考。

收集素材：内容大致上可分为具象的描述与抽象的意境两部分。具象的描述，如四季的景象：春天，万物复苏、冰雪融化、树叶抽新芽；夏天，枝繁叶茂、小鸟啁啾；秋天，叶子黄了、风起叶落；冬天，寒冷、叶子落尽、白雪皑皑。抽象的意境，如四季怡人的感受、故事角色的心情、情节的气氛等。

提取创意：一只毛毛虫睁开眼睛打量着周围的世界，一切都是那么的新奇，他与头顶上一片抽新芽的小叶子打招呼，他们彼此照顾、陪伴，一起成长，他们是一对好朋友；而当秋天来的时候，叶子黄了、落了，其他毛毛虫都已经变成蝴蝶飞走了，毛毛虫很伤心，这时小树叶安慰他、陪着他。当冬天来临时，毛毛虫冻得瑟瑟发抖，他用尽力气往土里钻，可是寒冷的风还是不断吹进来，小树叶用力一跃，从树上飘落下来，轻轻地盖到毛毛虫身上，他们很快乐，第二年春天，毛毛虫睁开眼睛，用力伸了一个懒腰，他惊奇地发现……

撰写脚本：

P1：春天，冰雪融化后，一只毛毛虫睁开了眼睛。

【场景参考】一只毛毛虫从土里探出头，睁开了眼睛，他探着头好奇地看着周围的世界。

P2：旁边的一棵小树吐出嫩芽。

【场景参考】小树上吐出了很多嫩芽，毛毛虫惊奇地摸着，弄的小树叶直痒痒，乐得笑呵呵。

P3：夏天，小树叶换上墨绿色的新衣。

【场景参考】小树叶长出绿叶，精神抖擞地伸展四肢、舞动新芽，毛毛虫拍手庆祝。

P4：小树叶长得郁郁葱葱。

【场景参考】小树叶长得茂盛(努力伸长脖子为毛毛虫遮挡烈日)，毛毛虫开心地趴在茂密的绿叶中，享受酷暑中的清凉。

P5：彼此援助，共度艰难时刻。

---

① [美]安・华福・保罗. 如何写好一个故事——从绘本入手[M]. 李昕，译. 北京：新星出版社，2016：31－33.

【场景参考】毛毛虫为小树叶驱赶虫子，小树叶为毛毛虫遮风避雨，并提供躲避天敌的藏身之处。他们给彼此温暖的拥抱。

P6：共享欢乐时光。

【场景参考】毛毛虫开心地与小树叶分享"破茧成蝶"的秘密，他们在一起看日出、日落、满天的繁星……也一起期待着那一天的到来。

P7：但当秋天来的时候……

【场景参考】空中，秋姑娘向大地吹了口气，树木、山坡、草地变成了黄色、橙色……

P8：小树叶黄了叶子，毛毛虫却还没等来他"破茧成蝶"的那一天。

【场景参考】小树叶的叶子变黄了，其他的毛毛虫都变成蝴蝶飞走了，只剩下毛毛虫自己，他感到很着急、很难过。

P9："我感到很伤心、很伤心。""不要伤心，还有我啊……"

【场景参考】毛毛虫的眼泪不停地往下掉，他哭得伤心极了，小树叶很着急，轻轻地晃动着身体，摸摸毛毛虫的头安慰他。

P10：因为你是最与众不同的一只毛毛虫呀。

【场景参考】小树叶将自己的影子映在毛毛虫身上，"你瞧！你长出一对好大好大的翅膀呢！"地上两个好朋友的影子重合在一起，毛毛虫真的变成"蝴蝶"啦！

P11：毛毛虫破涕而笑，秋风吹着树叶发出沙沙的响声。

【场景参考】毛毛虫小心翼翼地摸着小树叶，他们永远都是好朋友。

P12：冬天，寒冷的风吹着瑟瑟发抖的毛毛虫。

【场景参考】天空中飘着小雪花，毛毛虫艰难地抬起头："好冷啊，我快冻死了。"

P13：小树叶用力抖动身体，咔嚓一声，轻轻地从树上落下，盖到毛毛虫身上。

【场景参考】毛毛虫睁开双眼，仰着头，伴着冬天的雪花，而身体却被小树叶拥抱着。

P14：第二年春天，毛毛虫睡了好长好长的一觉，他睁开了眼睛。

【场景参考】冰雪融化、万物复苏，毛毛虫惊喜地发现自己长出了美丽的翅膀，而翅膀上印着小树叶的样子，他俩永远在一起了……

三、角色形象设计

不管是人物还是拟人化的动物，在动手制作绘本之前，首先要讨论的是角色形象。没有形象，便没有审美，也就没有艺术。在儿童绘本中，角色形象可以体现人物的性格，传达思想，突出绘本的主题。成功的角色形象具有强烈的感染力，可以提供相应的信息，使幼儿理解故事内容。主角和配角都要根据故事内容的需要设计鲜明的形象造型和性格特征。收集与形象有关资料的途径有很多，如拍照、临摹写生、制作草图、搜索图片等等。

（一）角色形象及类型

这里将类型大体上分为有形物和无形物（或者具象物和抽象物）、有生命物和无生命物两大类。同时，有形物和无形物、有生命物和无生命物之间常常相互转化。

有生命物主要有人物、动物、植物和幻想生物等。例如为科学家法拉第传记故事设计绘本，我们需要搜寻法拉第的照片，了解19世纪早期英国的服饰特征，在此基础上适当夸张设计角色造型。就像是拍电影之前的角色定妆，绘本中角色的造型设计要考虑脸型、五官、发型、身材、服饰（图3－2－2），最重要的是要考虑头身的比例。在确定造型之后，为了后期插图绘制更加准确，设计师都会先绘制"三视图"[①]（图3－2－3）。此外，制订角色清单，有助于掌握角色的形象特征、性格与行为，进而创造出鲜明的角色（表3－2－3）。

---

① 正视图、侧视图、后视图三个基本视图，意在反映各角度的比例和特征。

▲ 图 3-2-2 少年法拉第 成年法拉第 老年法拉第 陈铿

▲ 图 3-2-3 三视图 陈铿

视频

三视图

表 3-2-3 “少年法拉第”角色清单

角色	少年法拉第
年龄	6 岁
外表	金发小卷，大眼，小圆鼻，矮个头，常有惊讶的表情
服饰	白衬衣，背带裤
性格	好奇、聪明，有时不太整洁，对神秘事物过度敏感
口头禅	我超厉害的！

除了有生命的形象外，绘本的图画中有很多无生命物，例如用静物形象（交通工具）作为主角的设计。经过拟人化的处理后，这些没有生命的物体有了人类的表情、情感、思想和行为，令小读者们非常喜爱。

主角形象若为抽象物，通常会给设计者带来一定的难度，设计时可将其变成有温度、有情感的具象形象。如《情绪怪兽》，就将幼儿说不清道不明的情绪，如高兴、忧伤、愤怒等无形抽象的情绪，用不同怪兽的形象刻画出来。又如绘本《小蓝和小黄》中，作者没有写小蓝和小黄是什么以及它们的年龄、身份特征等，设计者将它们变成了两个抽象事物。

（二）角色形象的塑造方法

在儿童绘本中，角色形象的塑造是最具特色和表现力的重要部分，绘本作品能否吸引幼儿，在很大程度上取决于形象塑造是否成功。绘本中的形象塑造常见的表现手法有：拟人、夸张、想象和概括。

1. 拟人

拟人是绘本形象塑造中最常运用的表现方法之一，是给非人的事物加上人的动作、情感、性别、年龄等，使之像人一样。

▲ 图 3－2－4　拟人化形象

因为幼儿的泛灵性特点，他们在读绘本时会不自觉地参与到动物的故事里。绘本中的动物通常会被拟人化，它们穿着衣服，有人一样的生命特质。如穿着蓝色短上衣、两条腿着地直立行走的“彼得兔”，穿着各式红衣服、会涂妈妈的口红、穿妈妈的高跟鞋的小猪“奥莉薇”，等等。有时候也可以完全舍弃人物和动物的特征，设计出更有创意的造型来，如图 3－2－4 是“逃离沙尘”主题绘本中的主角，因为是一个精灵，造型也就围绕“树”“水”这些主题，形象设计不受约束。

用拟人法塑造角色形象，可使角色充满丰富的情感以及不同的性格特征，让角色形象能够更鲜活地贴近幼儿的生活体验。值得注意的是，把非人的事物拟人化后，要保留原有物的特征。例如在形象上，长颈鹿拟人化后保留长颈的特点，猪在拟人化后保留胖胖的体态。

2. 夸张

夸张是一种重要的艺术创作手法，它是将物象的结构、造型的特征等进行有目的的加大和缩小的一种表现方法。对外形特征加以夸张时，可将大的结构变更大、小的更小、胖的更胖、瘦的更瘦等。幼儿在绘画中常常表现出将自己喜欢的事物放大、变形的特点。在提供给幼儿的绘本中，用夸张的表现方法，能够给幼儿带来阅读的兴趣。夸张法可以使所表现的形象更加生动传神，更具有艺术表现力。比如《大脚丫跳芭蕾》中拉长了女主角的身体比例，女主角头身比例纤细，给人优雅、灵动的感觉。通过变换身体比例，突出了角色形象的特点，增加了形象的趣味性。在使用夸张法的时候，要注意适度原则，应保证形象的自然、协调。

3. 想象

想象是指在原有感性形象和经验的基础上，创造出新的形象的心理过程①，也就是经过加工、改造形成现实生活中并不存在的事物形象。想象造型是培养人们的创造意识和才能的一条重要途径。如绘本《南瓜汤》中的南瓜房子造型，就是原有事物与想象事物的结合，是作者创造出来的前所未有的形象，是创造想象的产物。想象的造型方法还可见于绘本《野兽出没的地方》，作者创造出了很多现实中根本不存在的野兽形象，如鸟头和兽身在一起形成的野兽形象，牛头兽身和人脚组成的怪兽形象，等等。

4. 概括

概括就是将物象复杂繁乱的结构和造型进行提炼、修整，抓住主要的结构和造型进行表现的一种方法②。例如在绘本《小兔子的连衣裙》中，小兔子圆脑袋和三角形的连衣裙都是再简单不过的线条和形状。《米菲在海边》也使用了概括的造型方法。

（三）角色形象的形式语言

绘本中图画与文字都是为故事内容服务的。文学作品中的形象是不能凭感官直接把握的，需要通过语言中介经过读者的联想与想象才能实现。而绘画的艺术形象是视觉形象，在空间中有着确定的形式，是完全明晰的，可以直接为欣赏者所把握。

绘画中的角色形象设计需要借助绘画艺术语言。艺术语言是指运用独特的表征符号和物质媒介来进

① 邵统平. 美术：上册[M]. 北京：北京师范大学出版社，2011：119.
② 董明，潘春华. 简笔画[M]. 北京：高等教育出版社，2017：12.

行的艺术创作，具有独特的美学特征和艺术特征。各门艺术都有自己独特的艺术语言，绘画语言包括线条、造型、色彩等。艺术语言和表现手法都是为了塑造艺术形象。

1. 线条

线条作为艺术语言不但可以用来描绘形象，还可以传递情感。不同的线条带给人不同的心理感受。例如：水平线条带给人平静安定的感受；波浪线、弧线常常带给人柔和和律动的相关联想；斜的水平线则具有动感和不稳定感，给人一种不安的暗示；尖锐的折线会让人感到不安和紧张。线条可以勾勒出轮廓，也可以表现质感。在绘本《臭臭的比尔》中，通过间断、杂乱、顿挫的曲线，表现了比尔由于长期不洗澡而软塌蓬乱的毛发。绘本《我爸爸最棒》中，绘者运用细腻柔顺的线条勾勒拥抱的姿态，传达爸爸将骑车跌倒的小宝宝抱在怀里的父子温情。

宫西达也绘制的《最喜欢妈妈》，初次看时是一本非常简单的绘画作品，基本上都是由圆形和简单的线条构成，造型也非常简练，如果细心观察，会发现很多规律性的表征意义。例如：当妈妈用非常严厉的语气训斥作品中的“我”时，妈妈的手臂上和身体上就会出现明确的折线，背景色会变成深蓝色；当妈妈非常温柔地对“我”说话时，妈妈的身上或是手臂上，就会出现弯曲的弧线，背景色会变成温暖的黄色；当妈妈用双臂拥抱“我”时，更是用两条括号一样形状的手臂将“我”整个环在中间，使“我”感到安全和全部的爱。这些弧线或者是折线，常常都是平行的，会随着人物心情的改变，在线条和色彩上发生一些变化，用来烘托气氛。在这本作品中，作者有意布置了线条的疏密变化，如主角线条密集、背景线条稀疏，或是运用加粗的线条强调某些事物或情景。

同时，直线条也常常用来表现无生命的事物。无生命的事物拟人化以后成了有生命、有情感的角色形象，可以把直线条变成有弧度的自然线。用自然的弧线代替僵硬的直线，使无生命物看上去充满了生机和活力。

2. 造型

绘本中的造型指用线条勾勒出来的形状。优秀的绘本角色造型都具有典型的特色。绘本创作者通过不同的造型与姿态传递人物的性格及生命状态。例如：用圆形来塑造形象，传递出柔和、温暖、可爱的感受；用方形来塑造形体，给人一种强壮、稚拙的印象。

一本高质量的绘本，必定有一个典型的角色造型。成功的角色形象具有强烈的感染力。角色的造型可以塑造人物的性格，突出绘本的主题。例如：在《狐狸福斯和兔子哈斯的故事》中，狐狸福斯是一位男士，绘者以略显方形的头，没有脖子、宽厚的方形身体，使狐狸看起来身材圆润、厚重、宽大，塑造了憨厚朴实的角色形象。但是尖尖的鼻子，使敦厚的形象保持了狐狸原有的聪明特点。哈斯是位温柔的女士，绘者以细长的脖子、修长的身材，以及运用提高腰线、拉长腿部比例的方式，使她看起来非常高挑灵活、纤细温雅。

在《大城市里的小象》中，绘者用饱满的圆形和温润的色彩，表现了小象艾略特圆滚滚的身体以及圆融和乐的性情，给人有趣、甜蜜、开心的视觉感受，容易捕获幼儿的心。

此外，粗黑的直线条或者是折线能显示出力量，可以用来表现野兽的爪牙或凶猛的性情，若是加上圆胖的造型或是滑稽可笑的动态，则能弱化尖锐凶猛之感。同时，角色的衣着和动态，也会体现出形象的性格和情绪。

规整的几何形给人秩序、机械的感受，常常用来描绘无生命物。当设计者将无生命物作为主角，赋予它生命情感，可以将它的外形变成自然形，使它看上去更加亲切、自然、鲜活、有温度。

此外，在一些绘本中出现了变形的造型方式。变形是指对原来事物的扭曲，使形状发生变化。如绘本《生气的亚瑟》中，亚瑟的国家、城市和街道，他的家、庭院和卧室的形状连同亚瑟一起发生了倾斜、挤压、拉长、变形，像一道闪电一样伸向遥远的天际，体现了亚瑟对情绪的宣泄。

3. 色彩

绘本图画常用的配色方法有：邻近色配色和对比色配色，淡雅色调和鲜艳色调搭配。邻近色配色是指色相环中相邻或相近的色相配色，又称邻近色配置。对比色配色，指不含有同一色相的颜色之间的配置，指在色相环中，相对的两个色，或者是互补的颜色。

人们会对色彩产生冷暖、轻重、明快与迟钝、华丽与朴素等心理反应，这些都来源于对色彩的联想。[1] 因此，在实际应用时要考虑好色调的选择，如表现欢快明朗的气氛、热烈的情感，应以暖色系、鲜艳的高明度色彩，或是彩度和明度对比的色彩为主；表现宁静的氛围应以淡雅的低明度为妥，运用彩度和明度相近的色彩、和谐的色调，能创造平和稳健的情境，反之，则形成对比冲突、戏剧张力之感。

人们通过视觉对色彩的明度、色相、彩度、冷暖变化的感知获得美感，从而造成心理上的不同反应。色彩在人们心理上的反应着重表现在知觉、情感和思维方面[2]。红色的积极含义是热情、喜庆、吉利等，消极含义是危险、疼痛、战争等；黄色具有光明、兴奋、愉悦等积极的心理暗示，同时也具有病痛、胆怯、骄傲的消极暗示；蓝色具有寒凉、伤感、孤漠的消极含义，同时也具有平静、沉着的积极含义。

值得注意的是，在给绘本上色过程中，有一种常见的涂色方法是在平涂的基础上加上明暗变化，使形象更具有层次感和立体感。一般是根据光源产生的明暗规律，把色块进行同类色加深。如衣褶的处理，面向光源的一侧颜色浅，背光的一侧颜色深。并且要注意，光源方向的统一。

四、绘制绘本的工具、材料与表现形式

绘制绘本可以使用任何工具和材料，以及多元化的表现形式，例如第一和第二册的素描、水粉画、平面设计、简笔画、卡通画、中国画、版画，以及本册第一和第二单元的自然物和人造物材料创作等。

一般而言，绘本插画创作者选取的表现材料应与表现的绘本主题、内容、风格一致。创作绘本之前要进行各种效果的对比，根据绘本主题和风格选择适合的表现形式与技法。优秀的绘本作者，能通过各种材料与形式，传递故事、道理、事实和情感等，塑造个人的创作风格，营造具有感染力的画面和情境。

（一）素描

不管是铅笔、炭笔、钢笔，都可精细可粗犷，可线条可块面。素描的表现技法，主要取决于追求的艺术效果。《流浪狗之歌》[3]的作者用炭笔表现了一条孤独无助的流浪狗。全书没有一个字，大面积的留白，富有张力的线条，寥寥几笔却生动地表现了流浪狗的孤寂和茫然。

案例：素描《小熊》（付佳）

绘者以柔软的、圆润的曲线来塑造主角小熊弱小、惹人怜爱的形象，运用尖锐的直线和角锥体，表现生存空间对小熊心理造成的压迫感和紧张感。整体画面通过大片留白的背景，单纯的黑、白、灰色以及对比强烈的造型，营造出一种残酷的生存环境，表现了小熊的弱小无助和举步维艰（图3-2-5）。

素描《小熊》

▲ 图3-2-5 《小熊》 付佳

① 邵统平. 美术：上册[M]. 北京：北京师范大学出版社，2011：97.
② 同上书，92.
③ [比利时]嘉贝丽·文生. 流浪狗之歌[M]. 济南：明天出版社，2017.

（二）水彩

水彩透明、轻快，又因为其多样性和偶然性被很多绘本画家所喜爱，如《活了一百万次的猫》①《天空在脚下》《外公的旅程》《禅的故事》《黎明》《桃太郎》等都使用了水彩作画。

案例：水彩《呼噜快跑》（王颖婕）

绘者掌握了水彩的特性，以流畅的线条、轻快的笔触、清淡的色彩，描绘、晕涂出鲜活的角色造型，以及轻松惬意、淡雅宜人的氛围（图 3-2-6）。

▲ 图 3-2-6 《呼噜快跑》 王颖婕

（三）版画

被誉为美国第一本真正意义上的图画书《一百万只猫》②就是采用了黑白版画的技法。日本斋藤隆介的《魔奇魔奇树》，运用绘画与印染结合的套色木版画技法，创造出仿如剪纸的特殊效果。李欧·李奥尼的作品《小黑鱼》③采用水彩拓画的方式，用实物拓印出鱼、水母、海草的形体与背景，呈现出具有丰富纹理与透明感的水中世界。

---

① [日]佐野洋子. 活了一百万次的猫[M]. 唐亚明，译. 北京：接力出版社，2004.
② [美]婉达·盖格. 一百万只猫[M]. 任溶溶，译. 乌鲁木齐：新疆青少年出版社，2016.
③ [美]李欧·李奥尼. 小黑鱼[M]. 彭懿，译. 海口：南海出版公司. 2010.

版画《两只小丑鱼》

案例：版画《两只小丑鱼》(张慧敏、张鑫琦)

绘者先将KT板裁剪出鱼和水草的外形，再运用刻画技法制造纹理，最后以印拓的方式呈现色彩渐变、造型与纹样实虚相衬的效果(图3-2-7)。版画具有复数的特性，相同的底版能多次印拓复制，因此以基本的裁剪、刻画方式设计出的角色和景物，只要以不同的构图方式在画面上拼组、印拓，即能创造出不同的内容和情节，适合初学者制作绘本。

▲ 图3-2-7 《两只小丑鱼》 张慧敏 张鑫琦

(四) 中国画

中国画《骄傲的小公鸡》

中国画在中国和日本绘本创作中比较多见，比如国画大师陈秋草的作品《小蝌蚪找妈妈》[①]、熊亮的"中国绘本"系列中的《小石狮》、蔡皋的《孟姜女哭长城》等，都是运用了中国画的表现形式，创作出具有中国文化之美以及笔墨意趣的图像。

案例：中国画《骄傲的小公鸡》(王妍、张亚茹)

绘者运用写意画的表现技法，以概括的线条、大块的色面和错落的色点表现公鸡的造型、羽毛的色彩和质感，呈现墨彩交融、色墨淋漓的渲染效果(图3-2-8)。

▲ 图3-2-8 《骄傲的小公鸡》 张亚茹 王妍

① 鲁兵，陈秋草. 小蝌蚪找妈妈[M]. 北京：连环画出版社，2012.

（五）撕纸和剪纸

《小蓝和小黄》是最具代表性的撕纸绘本，杨志成的《七只瞎老鼠》[①]就是剪影形式的绘本，还有洛伊丝·艾勒特的绘本《神奇变变变动物园》是剪纸效果的绘本，伊安创作的“春生的节日”系列作品是中国传统节日主题的剪纸绘本。

撕剪纸《想到月亮上去》

案例：撕剪纸《想到月亮上去》（姜思宇）

绘者将卡纸裁剪造型后，以多张按层次叠加的方式拼贴组合，创造出层次感与空间感的效果，引导读者欣赏画面的前景、中景与远景，感受故事情境（图 3-2-9）。

▲ 图 3-2-9 《想到月亮上去》 姜思宇

（六）综合材料与表现形式

很多时候，别出心裁的艺术家出于创作需求，根据材料的特性会在同一本绘本中采用两种或两种以上的材料与表现形式。例如：水墨与剪纸的结合《纸马》，水彩与钢笔结合的《彼得兔》，在水彩纸上作画再对图画进行剪接、粘贴的《好饿的毛毛虫》。韩国作者白嬉娜的《云朵面包》[②]是运用瓦楞纸、布料等实物材料，结合彩色铅笔画出的动物形象，剪下来拼贴制作成半立体的画面，拍照后用电脑后期处理插图的绘本。她的另一作品《红豆粥婆婆》[③]是泥塑、布艺、纸立体、绘画、摄影多种表现媒材的结合。采用多样性的媒材和多元化的表现形式能创造出令人耳目一新的图像效果以及丰富的趣味性。

案例：综合材料《新年快乐》（田照虹）

绘者将多种材料，以捏塑、折剪、拼组等综合表现方式，创造出剧场式的立体场景，使读者如身临其境一般，感受中国新年的欢乐情景（图 3-2-10）。

▲ 图 3-2-10 《新年快乐》 田照虹

① [美]杨志成. 七只瞎老鼠[M]. 王林，译. 石家庄：河北教育出版社，2008.
② [韩]白嬉娜. 云朵面包[M]. 陈艳敏，译. 上海：上海人民美术出版社，2007.
③ [韩]白嬉娜. 红豆粥婆婆[M]. 李懿芳，译. 北京：连环画出版社，2008.

▲ 图 3-2-11 《梦》 蔡宛庭

（七）数码艺术

随着数字绘图技术发展日趋成熟，数码插画在绘本中的运用越来越多样化、普及化，并逐步突破了以传统手工绘画为主的格局。用电脑作图，几乎可以提供所有传统材料与工具的表现效果，且更加方便。法国儿童哲学大师奥斯卡·伯瑞尼弗(Oscar Brenifier)的倾心之作《人类的信仰》①就是数码绘本中的经典之作。近年来，儿童的阅读介质不再限于纸质的图书，借助电脑、平板、电子书硬件的交互式绘本大量出现，甚至利用 AR 和 VR 技术实现了炫酷的立体阅读方式。

案例：数码艺术《梦》(蔡宛庭)

绘者运用电脑绘图中不同的图层混合模式，创造出色块交叠的效果；采用不同笔刷，制造出多样的线条形式、笔触和纹理。画中微笑入梦、相依偎的狗与小孩，以及流畅的线条、轻快的笔触与和谐的色调，营造出温馨宜人的氛围(图 3-2-11)。

五、绘本制作的方法与步骤

制作绘本的步骤依次为：确定装订方式、分镜设计、确定页面布局、色彩设计、文字的创意和设计。掌握每个步骤的要点以及制作方法，能创作出可读性高、情节丰富、内容完整、版式有变化、图文协调统一的绘本。

（一）确定装订方式

图书装订方式很多，最常见的是胶装，但一般用于比较厚的书籍，中缝处会带来阅读的困难。骑马订装是最简单方便的方法，但书钉在中间影响画面的完整性，大多时候跨页的画面会被分在两张不同的纸上，给自制绘本的绘图带来难度，所以这两种方式并不适合于绘本的装订。自制绘本的装订方式以简单易操作、适合幼儿阅读为原则，常见的有线圈装、风琴装、卷轴装、蝴蝶装、铆钉装等。装帧方法直接影响到设计，因此，动手制作前首先要确定装订方式(表 3-2-4)。

表 3-2-4 常见的绘本装订方式

序号	装订方式	详细说明
1	线圈装	线圈装是在纸的左边或上方打孔，用线圈穿过后压紧、固定的装订方法。这种装订方法比较适合较厚的纸张，用不织布等布艺材料做的绘本较适合采用这种方式装订，缺点是不适用于跨页的设计
2	蝴蝶装	蝴蝶装一般采用单面绘图，将绘有图的纸面朝里对折，再以中缝为准，把所有页码对齐，用糨糊粘贴在另一折上，然后裁齐成书。这种装订方法不会影响跨页的画面效果，页码不多的绘本，比较适合这种装订方式，缺点是对手工粘贴的要求比较高
3	铆钉装	铆钉装是将完成的图画的某一角打洞，用螺丝和螺母(幼儿园较多采用双脚钉或绳子)固定，纸张呈扇形翻阅。但是螺丝易松动，纸张易破损，这种装订方式比较适合幼儿园短期使用的自制绘本

① [法]奥斯卡·伯瑞尼弗，雅克·克普雷. 人类的信仰[M]. 袁筱一，译. 武汉：长江少年儿童出版社，2011.

续 表

序号	装订方式	详细说明	
4	折纸书	折纸书是将纸经过折、剪、贴等工序，变成一本小书。这种方式工具材料简单，操作方便，制作时间短。虽然易损，但可以信手拈来，不仅成人可以做，也非常适合幼儿来制作绘本。常见的形式有八格书、风琴书、卷轴书、方形书等	**八格书**：将一张纸折成八个相等的格子，从中间剪开，然后折叠成八个页面的“小豆本”    **风琴书**：采用左右折叠的方法把细条折成若干折手，竖排开本较多。风琴书正反面都可以绘画 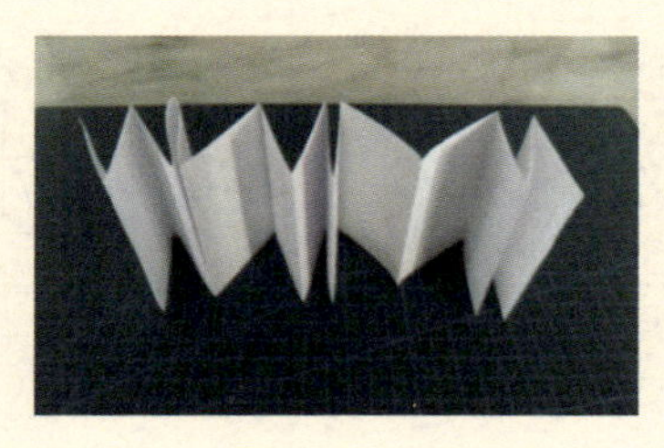 **卷轴书**：中国书画的装裱形式之一，以装有“轴杆”得名，一般一幅作品裱为一轴，也有多幅作品裱为一轴的 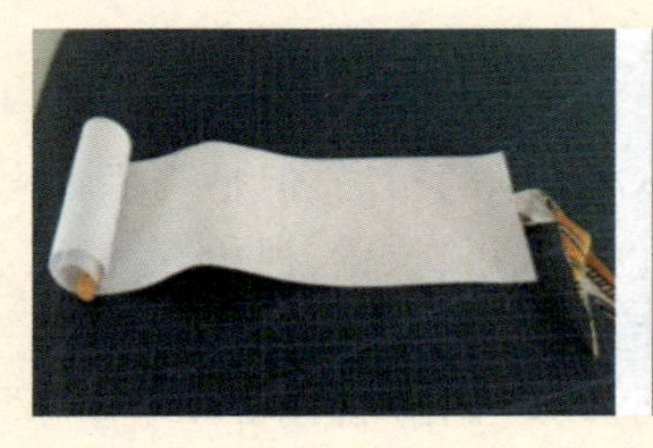  **方形书**：正方形小单张折叠，可将多份小正方形粘贴成“小豆本”，翻阅时打开即完整的页面。还可以根据内容剪成心形、花形等，富于变化 

（二）分镜设计

“分镜”是正式绘制绘本前的草图阶段，主要用以说明绘本影像的构成。绘制分镜图是制作绘本的第一个步骤，在绘本创作中，草图阶段尤为重要。一般来说，绘本由12～30页组成，草图阶段需要确定页码数，并按照书页的顺序绘制出故事的情节。初步的图文搭配与跨页的相互关系，以及页面布局。如图3-2-12为自制绘本《逃离沙尘》的部分分镜图，可以看出作者考虑了封面封底、前后环衬、页面布局

▲ 图 3－2－12 《逃离沙尘》 陈拓成

的设计、画格、图文关系等。

（三）确定页面布局

在分镜图中已初步确定整本绘本的布局，但是着手画绘本具体的每一张图时，也要考虑每张图的页面布局，即构图。它包括各角色的大小、位置、视角、运镜以及最重要的场面置于何处等。页面布局呈现的空间关系，很多时候暗示着情节、心理等。

如图 3－2－13 中的两位小朋友，因为他们之间的空间距离、方向不一样，读者似乎从图中读到了“陌生”“嫌隙”“融洽”“抛弃”这些内涵。远景、中景、近景和仰视、平视、俯视等设计都是为了实现令读者对画面一目了然的效果，帮助读者理解画面。

▲ 图 3－2－13 页面布局

绘本页面设计中要注意以下 4 个问题：

① 页面布局有单页和跨页之分；

② 页面布局最大的特点是自由，没有格式之说；

③ 要有适当留白，有了留白就不会让读者有压迫感；

④ 用画格来表现时间、动作、视角等变化是绘本设计师常用的手法。

（四）色彩设计

色彩是绘画中最重要的艺术语言，它直接影响绘画所塑造的氛围，起到烘托主题的作用。色彩作为书籍设计的一个重要艺术语言，比其他艺术语言更具有视觉冲击力，更能抓住儿童的眼球。绘本的色彩除了与绘画共有的特点之外，还藏着叙事和释放情感的意图。如绘本《小英雄雨来》中，作者将画面整体色彩的饱和度降低，表现了质朴温雅的年代感效果（图 3－2－14）。

▲ 图 3－2－14 《小英雄雨来》跨页色稿 田丽娟

色彩的渐变在绘本设计中也常被运用。自制绘本《逃离沙尘》（图 3－2－15）在色彩设计上也采用了这种策略，从最初的漫天沙尘的黄色调渐变为明朗的绿色调。

▲ 图 3－2－15 自制绘本《逃离沙尘》色彩渐变 陈拓成

（五）文字的创意和设计

绘本中有“图”和“文”两套视觉系统，文字和图画用不同的方式在讲故事。对于幼儿来说，很多信息是从图上得到的，而文字作为图的一部分，也是设计时必须考虑的方面。

绘本中的图画直观、形象、生动，具有冲击力强、表现内容丰富的特点，但它也有一定的局限性，很多图画无法表现的内容就要用文字来叙述，使读者更易于理解图画所传达的内容。绘本中文字的设计主要考虑以下 3 种情况：一是图文互补，图上有的，文字不再赘述，图上没有的，用文字补充；二是图文同位叙事，这时候的文字设计主要用于引导读者把视线落在最想让读者关注的地方；三是图文对比，文字内容与图画表现相反的内容，从而形成一种戏剧效果。

大多数绘本中的文字承担着与图画一起讲故事的职责，也有一些设计师们在文字的编排上做文章，在他们的眼里文字也是图，可以发挥它们的造型意义。

总而言之，绘本的设计只有两个原则，即如何让幼儿喜欢、如何用图画讲故事。围绕这两个原则，所有能想到的工具与材料、风格、色彩、视角、版式都可以天马行空地加以使用。绘本的设计并不是画家的专属，任何一个想给孩子讲故事的人都可以尝试绘本创作，如果你苦于自己的绘画水平，用照片来制作绘本也是不错的尝试。

第三节　绘本在幼儿园中的应用

绘本作为幼儿最喜爱的读物之一，其艺术表现形式多样，蕴含着丰富的美术技巧和美育资源。把绘本资源应用于幼儿园美术活动，既能激发幼儿的绘画兴趣，又能提高幼儿的表现力与创造力①。

《指南》中指出："在阅读中发展幼儿的想象力和创造力，鼓励幼儿依据画面线索讲述故事，大胆推测、想象故事情节的发展，改编故事部分情节或者续编故事结尾；鼓励幼儿用故事表演、绘画等不同的方式表达自己对图画和故事的理解；鼓励支持幼儿自编故事，并为自编的故事配上图画，制成图画书。"这就为幼儿园利用绘本开展美术创作活动提供了理论依据和政策保障。

一、在教育教学活动中的应用

《幼儿园教育指导纲要（试行）》（以下简称《纲要》）中指出："幼儿教育应为幼儿的近期和终身发展奠定良好的素质基础。"《指南》也强调"要为幼儿后继学习和终身发展奠定良好素质基础，促进幼儿体、智、德、美各方面的协调发展"。幼儿园五大领域活动以素质基础教育为核心进行保育和教育活动，而具有童真、童趣的绘本内容贴近生活、重复性高，情节发展出人意料，可以提高幼儿的艺术素养。

（一）艺术领域活动

《纲要》将艺术领域的教育目标规定如下："能初步感受并喜爱环境、生活和艺术中的美；喜欢参加艺术活动，并能大胆地表现自己的情感和体验；能用自己喜欢的方式进行艺术表现等。"绘本以图画为主，具有很大的艺术价值，教师应关注绘本的艺术价值，让幼儿在绘本的环境中学会欣赏美、感受美，提高动手能力和创造能力。以下以"艾玛捉迷藏"和"七彩下雨天"活动为例。

案例：艾玛捉迷藏。

绘本制作形式：中班幼儿个人绘本。

教案编者：中天华城幼儿园，高杰。

设计意图

艾玛是欧洲寓言大师大卫·麦基经典作品《花格子大象艾玛》中的主人公。这是一本特别的图画书，吸引我们的是美丽的色彩和巧妙的设计。整本书的画面丰富、色彩饱满，具有极强的视觉冲击效果。通过此次美术活动，借助幼儿对图画的欣赏经验，让幼儿感受格子画的美妙；也让幼儿看到许多美丽的东西都是由格子的形式来表现的，格子画也可以组成美丽的色彩。对于中班幼儿来说，他们更喜欢动手尝试，让幼儿在欣赏的基础上亲身体验格子画的美丽和绘画时的乐趣。

活动目标

1. 能说出对格子画的色彩与线条的感受。
2. 学习绘本的表现方式，能运用色块装饰物件，画出具有各色格子状图样的形体。

① 马静华. 浅谈绘本在幼儿园绘画活动中的应用策略[J]. 美术教育研究，2021(3)：180－181.

3. 能说出格子的形状以及色彩。

活动准备

经验准备：幼儿已经阅读了图画书《花格子大象艾玛》。

材料准备：教学 PPT 课件，格子画图片若干，黑色长方形卡纸、彩色颜料、笔。

活动过程

一、兴趣导入，引出话题

教师出示几张格子画图片，让幼儿从中找出各种东西。

引导语："蝴蝶躲在哪儿呢？谁藏了我的柠檬？森林里的小动物都躲起来了，你找到他们了吗？"

二、欣赏故事，观察发现

教师讲述故事，请幼儿观察画面。

引导语："你还记得花格子大象吗？他叫什么名字呀？为什么其他动物看到一点就认为是艾玛呢？"

小结：原来动物们找到的东西都是格子纹的，而且和艾玛身上的颜色一样，也是五颜六色的，所以动物们总是找错。

引导语："艾玛是一只美丽的大象，他和其他大象有什么不一样？我们来数数艾玛身上有哪些颜色？那些格子是什么形状的？"

小结：格子画是很美丽的，它们是用直直的线条组成的一个个格子，在格子里可以添上任何颜色，最后就可以变成美丽的格子画。

三、大胆创作，帮助艾玛躲起来

幼儿尝试利用格子画为大象涂色，画出格子的彩色花纹。先将大象粘贴在长方形的黑色卡纸上，再剪贴出大象周边的环境。

引导语："看一看，你的花格子大象身上是什么颜色？想一想，它藏在什么地方最合适呢？"

四、展示作品，欣赏交流

展示作品，引导幼儿介绍自己的作品，说说自己的大象藏在哪里了。

小结：原来简简单单的格子画也可以变得这样美丽，以后我们再来画更多的格子画，把你的好朋友们藏起来吧！

五、拓展活动

引导幼儿在美工区继续绘画，把大象艾玛藏在更多不同的地方。将 3～4 幅作品装订成册，完成自制绘本作品《艾玛捉迷藏》(图 3-3-1)，并编成故事讲给小朋友们听。

幼儿作品欣赏

▲ 图 3-3-1 中班幼儿个人绘本《艾玛捉迷藏》

案例 2: 七彩下雨天。

绘本制作形式: 小班幼儿亲子绘本。

教案编者: 金色起点幼儿园,李莉。

设计意图

绘本《七彩下雨天》讲述了一个爱幻想的小女孩,在下雨天里展开的一段梦幻七彩旅程的故事。本活动旨在借助绘本的故事情节,通过不同材料的表现形式,让幼儿在游戏中大胆联想并创作出绘本中“七彩下雨天”的情景。幼儿通过喷、挤、滴等玩色活动创作“七彩雨”,让玩具车在“彩色雨”中来回穿梭,创作出“七彩马路”。本次活动最大限度地挖掘幼儿对颜色的想象力,从而感受多彩的世界,体验在游戏情景中进行艺术创作的乐趣。

活动目标

1. 能大胆地用喷、洒、滴等方法表现“七彩下雨天”的情景。
2. 能说出不同颜色相互碰撞后产生的变化。
3. 能用口语或表情、动作,表达出对创作活动的感受。

活动准备

经验准备:幼儿欣赏过《七彩下雨天》绘本故事,初步了解绘本的主要内容,有使用水枪、喷壶、挤花袋、调料瓶玩色的经验。

材料准备:

1. 水枪、喷壶、挤花袋、不同颜色的颜料、长轴作画宣纸、围兜、玩具汽车。
2. 音乐、教学 PPT 课件。

活动过程

一、绘本导入,启发想象

1. 教师以“开汽车”场景带幼儿进入绘本情景。
2. 引导幼儿回忆绘本情节,想象雨的颜色还可以变成什么。

引导语:“假如你是绘本中的小姑娘,你想让天空下什么雨? 这种颜色的雨可能是什么?”

二、游戏体验,自主创作

1. 教师示范和介绍材料的使用方法,引导幼儿讨论:如何利用这些工具材料进行创作?

引导语:“我们要用这些工具来下七彩雨,你认识这些工具吗? 怎样使用?”

2. 教师以情景化的语言提出创作要求:

(1) 选择合适的工具进行创作;

(2) 不将颜料喷到画纸外或者同伴身上；

(3) 要将颜料均匀地喷洒在纸张的各个角落。

3. 幼儿自主选择材料进行创作。

教师重点指导幼儿通过喷、挤、滴等方式在长卷上创作五颜六色的彩色雨，引导幼儿将颜料均匀地喷洒在纸张的各个角落，让七彩雨把整条马路都淋湿。

引导语："你想让天空下什么样的彩色雨？这些彩色雨有可能是什么呢？"

引导幼儿操作玩具汽车在"马路"上行驶，观察不同颜色碰撞后产生的变化，并进行合理的想象。

引导语："小姑娘说，小朋友们可真棒呀！创作出这么漂亮的七彩马路，让我们开着汽车去郊游吧！"

4. 引导家长协助幼儿完成。

三、讲述交流，分享遐想

教师随机引导幼儿讲述自己的遐想。

引导语："汽车走过后马路上的雨发生了什么变化？好像是下着什么雨？"

拓展活动：引导幼儿将合作完成的长轴绘本作品《七彩下雨天》(图 3－3－2)编成故事，家长记录上文字。

幼儿作品欣赏

图 3－3－2 小班幼儿亲子绘本《七彩下雨天》

(二) 其他领域活动

幼儿园绘本教学以图文并茂的绘本为主要素材，由教师面向幼儿开展教学活动，其教学目标可以设定为语言领域，也可以是社会、健康、科学等领域。教学方法多样，可以借助游戏法、表演法等开展丰富有趣的绘本教学活动。

1. 语言领域活动

绘本阅读在幼儿语言能力培养中具有独特的优势，尤其在培养幼儿讲述、认读、朗读等能力方面作用独到。以下以“美丽的中国红”活动为例。

案例：美丽的中国红。

绘本内容形式：节庆、文化。

绘本制作形式：大班幼儿集体绘本。

教案编者：中天华城幼儿园，周桂琴、于洋。

设计意图

中国的元旦、春节等传统节日都以“红色”来表现喜庆、吉祥，红色给人以强烈的色彩感。红色在幼儿的日常生活中随处可见，容易收集。大班通过“美丽的中国红”这个活动，让幼儿感受“中国红”，了解中国传统节日、传统民间艺术，动手制作红色饰品并创编成绘本，表达自己喜庆快乐的情感。

活动目标

1. 能说出中国民间传统的以红色为寓意的“喜庆、吉祥”的事物。
2. 能用口语、表情或肢体动作，表达对红色的感受。
3. 能运用剪贴、绘画、卷折纸张等方式，创作出寓意“喜庆、吉祥”的事物与内容，并组织成绘本。

活动准备

经验准备：师生共同收集红色的饰物。

材料准备：中国传统节日相关内容的图片资料、民间乐曲《喜洋洋》《娱乐生平》、红绸带。

活动过程

一、幼儿讲述、师生交流自己收集的红色物品(剪纸、中国结等)

引导语：“你收集的红色的饰物是什么？是用来做什么的？”

二、欣赏图片，感受“喜庆、吉祥”的寓意，体验中国红明快的色彩

1. 分两个主题欣赏：过年了，如红灯笼、红对联、红福字、红窗花等；婚庆，如红轿子、红蜡烛、红喜字。

引导语：“你看到了什么？都是什么颜色的？看见这些心里有什么感受？我们会在什么时候用到？有些什么意义呢？”

小结：在中国，红色代表“喜庆、吉祥”。过年、过节的时候，人们喜欢穿上红色衣服，表达开心快乐的心情，用许多红色的饰物来装扮周围的环境，表达祝福。

2. 幼儿听音乐《喜洋洋》，再次欣赏图片。

三、幼儿自制红色饰品

播放背景音乐《娱乐生平》，感受喜庆快乐的情感。将幼儿分成五组分别剪窗花、画福字、卷爆竹、做灯笼、贴对联。

四、展示作品，交流分享

1. 组织幼儿讨论：“你都做了什么红色的饰物？你是怎样制作的？你们小组完成的饰物在什么时候用到？”

2. 幼儿把自己小组制作的红色饰物粘贴在不同的卡纸上。

五、拓展活动：美丽的中国红

引导幼儿在美工区将饰品美化装订，全班做成绘本《美丽的中国红》(图 3-3-3)，幼儿讲述关于中国红的故事。

幼儿作品欣赏

▲ 图 3-3-3 大班幼儿集体绘本《美丽的中国红》

2. 社会领域活动

教师通过图画精美、文字简洁、内容精致的绘本开展社会教育活动，“引导幼儿潜移默化地吸收社会主题绘本角色中亲社会性的影子，帮助幼儿树立亲社会行为的意识”，带给幼儿深刻的情感体验，健全幼儿的人格，循序渐进地帮助幼儿完成成长的社会化进程。① 以下以“我的幼儿园生活”活动为例。

案例：我的幼儿园生活。

绘本内容形式：生活日记。

绘本制作形式：大班幼儿个人绘本。

教案编者：赤峰第一职业中专附属幼儿园，兰亚波。

设计意图

《指南》提出的社会领域目标为“能与同伴友好相处”“喜欢并适应群体生活”，语言领域指出：“鼓励幼儿将自己感兴趣的事情或故事画下来并讲给别人听，让幼儿体会写写画画的方式可以表达自己的想法和情感。”“我的幼儿园生活”是“我要上小学”主题中的一节以社会领域为主、语言领域为辅的综合活动。孩子们马上要离开幼儿园了，心中总有一种依依不舍的情绪，三年来的活动情景历历在目。为使孩子更好地珍惜在幼儿园的时光，认识自己的进步与成长，所以设计了本次活动，希望通过活动帮助幼儿回忆幼儿园的生活，体会自己已经长大，体验共同生活中的师生情、同伴情，让幼儿在活动中更好地表达自己的情感，并通过美术等多种形式来记录有趣的生活。

活动目标

1. 能够回忆并说出自己在幼儿园三年中有趣的事情。
2. 能够用绘画、手工制作等方式记录自己在幼儿园的快乐生活。
3. 能计划性地思考，安排出具有时间进展的内容。

活动准备

经验准备：幼儿在幼儿园度过了三年快乐的时光。

---

① 苏霞铮. 社会主题绘本：与你有约，走进真善美的世界[J]. 文理导航·教育研究与实践，2017(3).

材料准备：手工纸、画笔、颜料、自选材料等，自制绘本范例。

活动过程

一、幼儿回忆在幼儿园三年的生活

引导语："孩子们，你们马上就毕业了，回想起幼儿园的三年生活，你们都做过哪些快乐的事呢？"

请幼儿说一说，同伴相互交流。

二、欣赏绘本范例

引导语："如果把我们在幼儿园的快乐事情画下来，加上文字连在一起，就是一本非常棒的绘本了。我们来欣赏一位小朋友的自制绘本《我的幼儿园生活》。"

幼儿欣赏自制绘本。

三、讨论如何自制绘本

引导语："我们都认识了绘本的结构，包括封面、封底、扉页等。怎样才能让我们的绘本制作得更好呢？"

选好绘画的内容，要突出在幼儿园的生活。内容要按照时间顺序来制作，一页表示一件事，线条清晰。

四、幼儿操作，教师巡视指导

幼儿用绘画或粘贴等不同的方式记录幼儿园生活。

五、交流分享

幼儿用自己的语言谈一谈作品中的故事。

六、延伸活动

教师组织幼儿将各自的绘画、手工作品装订成册（图3-3-4）。

幼儿作品欣赏

▲ 图3-3-4　大班幼儿个人绘本《我的幼儿园生活》

3. 健康领域活动

在幼儿园健康教育活动中，绘本资源具有提高幼儿健康认知、培养幼儿健康行为和塑造幼儿健康人格的重要意义。幼儿教师可以通过合理取材、开展绘本阅读活动、创设健康教育情境以及家园合作等方面充分发挥绘本资源在幼儿园健康教育活动中的价值，利用绘本资源，提高幼儿园健康教育活动。① 以下以“跑跑镇”活动为例。

案例：跑跑镇。

绘本制作形式：中班幼儿小组绘本。

教案编者：金色起点幼儿园，李莉。

设计意图

《跑跑镇》是麦克小奎的绘本作品。跑跑镇上的居民都喜欢快跑，快跑就免不了撞在一起。小猫和小鹰撞在一起出现了什么？苹果和红宝石撞在一起呢？全书情节有趣，充满幽默诙谐的生活小情趣。本书是一本创意游戏书，幼儿可以从两个不同的对象上观察趣味的元素，进而联想出两个角色碰撞后可能产生的新变化。通过运动探索游戏环节重现《跑跑镇》中的情节，让幼儿通过身体感受到两个看似不相关的物体，在跑动碰撞以后出现了奇妙的“合体”现象，扩展了幼儿的思维。

活动目标

1. 能说出运动对身体健康有哪些好处。
2. 能说出运动时要注意的安全事项。
3. 能在活动中表现出身体的协调性，达到中班幼儿的体能水平。

活动准备

经验准备：幼儿已经阅读过绘本《跑跑镇》。

物品准备：地垫、长条毛巾、头饰等。

活动过程

一、绘本导入，启发想象

1. 教师以神秘的口吻说“今天老师要带你们去一个神奇的地方”，带幼儿进入绘本情景。接着，教师带领幼儿进行简单的热身运动，如走路、跳跃、转圈等。

2. 让幼儿回答以下问题：“运动对我们的身体健康有什么好处？”“你喜欢做什么样的运动？”教师介绍运动的好处，告诉幼儿如何在安全的环境里进行运动。

二、游戏体验，自主创作

游戏1：小跳蛙

幼儿们分成两组，站在两行之间，双手放于身体两侧，整齐向前方跳，当老师喊“瞪圆眼睛”时，幼儿们就要瞪大眼睛模仿青蛙眼睛，双手向前伸展，模仿小跳蛙，向前努力跳几步，然后再次整齐跳跃。旁边的小伙伴可以边数数边鼓励。

游戏2：蜗牛慢跑

老师拉着长条毛巾，幼儿依次踩着毛巾慢慢爬行，如果踩到地面就会“被咬”，因此幼儿需要耐心，缓慢地像蜗牛一样向前移动。教师模仿不同动物声音制造氛围。

游戏3：“哒哒哒——咣”大合体

引导语：“跑跑镇上有很多很多的居民，他们在快速地奔跑，他们在碰撞之后会发生有趣的变化。接下来我为你们准备了头饰，请你们仔细看看头饰都有谁，试一试谁和谁碰撞在一起变成了谁。”

幼儿戴头饰，模仿不同小动物，慢慢奔跑，与其他小动物碰撞之后，合体变成另外一个新的形象。

小结：教师引导幼儿回顾今天的活动，让幼儿分享对运动的理解和学到的新技能，鼓励他们积极参与

---

① 王阳.幼儿园健康教育中绘本资源的运用[J].科教文汇(下旬刊)，2017(11)：100－101.

运动，增强身体健康。

三、拓展活动，“跑跑镇”开演了

引导语：“这就是奇妙的跑跑镇，跑跑镇就是这么有趣！跑跑镇里还有许多有趣的事情，小朋友们到表演区自创自编一个微型的绘本剧，演一演他们在碰撞之后又会发生什么神奇的变化吧。”（图3-3-5）

幼儿作品欣赏

▲ 图3-3-5 中班幼儿小组绘本《跑跑镇》

4. 科学领域活动

科学主题类绘本有自己的独特之处，蕴含了丰富的科学知识，科学元素在图画中被清晰地表达出来，既便于幼儿在阅读时观察发现，又帮助幼儿理解消化。绘本创作者采用纪实、想象的手法，以直观生动的图画，把抽象的科学知识、科学概念巧妙地融入趣味横生的故事情境中，带给幼儿关于科学活动的更多、更美的想象力和创造力，激发幼儿的科学学习兴趣，培养幼儿的科学精神，提高幼儿的科学素养。以下以“油和水”活动为例。

案例：油和水。

绘本内容形式：科学角活动。

绘本制作形式：中班幼儿个人绘本。

教案编者：赤峰市红山区第七幼儿园。

设计意图

幼儿对水有着浓厚的兴趣，选择幼儿熟悉、感兴趣的事物和问题作为切入点，让幼儿自己探究水与油之间相互倾倒、搅拌、静止时的三种不同现象。拓展幼儿的经验和视野，培养幼儿的观察能力和不断尝试的探究精神与态度。

活动目标

1. 能根据实验过程与结果，说出油和水不相溶的现象。
2. 能说出并画出实验过程、实验方法、结果与发现。
3. 能将完整的实验活动制作成绘本。

活动准备

1. 水、油每人各一小杯，备用的油和水。
2. 筷子若干。
3. 记录单、记录笔、黄色油画棒等。

活动过程

一、游戏引入：你问我答

1. 小朋友提有关实验物品的问题，教师回答。
2. 杯子里有什么？

引导语："像水一样会流动的，黄颜色的，是爸爸妈妈炒菜要用的'油'。这里还有一杯，这是什么？"（水）

"把水和油倒在一起，会怎样？"

"把水和油倒在一起搅拌，可能会怎样？"

二、猜想记录

1. 把幼儿猜测的结果图出示在黑板上。

引导语："油会在水的哪儿？"

2. 统计幼儿每种预测结果人数并记录在黑板上。
3. 简单介绍记录表。
4. 幼儿记录并讲述自己的猜想。

三、进行实验

1. 要求：认真观察，把你看到的记录下来。

引导语："每个小朋友在小托盘中取一杯油和一杯水，注意轻一点不要弄洒了哦。"

2. 幼儿实验，记录。

引导语："把油倒进水里看一看会出现什么有意思的现象呢？"（幼儿：油在水的上面）

3. 幼儿验证预测结果，教师记录。

油在水的上面，把黑板上刚才猜对的画一个钩。

4. 搅拌后油在水的位置，教师出示第二组图片。

引导语："看一看这张图是什么意思？"

（幼儿：用筷子搅一搅）

引导语："猜一猜我们用筷子搅一搅油会在水的哪里？"

5. 幼儿实验并记录。

引导语："这里给小朋友每人准备了一张小卡片，还有油画棒，把你搅拌后发现的有意思的现象记录在小卡片上。黄色的油画棒表示油，蓝色的表示水，小朋友要记清哦。"

四、交流讨论

1. 你看到了什么？你看到了杯子里的油和水有什么样的变化？

引导语："做完实验的小朋友来把你的卡片贴在黑板上。谁来讲一讲，你看到了什么？你看到了杯子里的油和水有什么样的变化？"

2. 教师小结：油和水这两个好朋友很奇怪，油总是在水的上面。请小朋友回去观察一下咱们喝的汤，还有爸爸妈妈炒的菜是不是油在上面、水在下面。

五、拓展活动

幼儿根据科学区油水实验观察记录，制作《油和水的故事》绘本（图 3-3-6）。

▲ 图 3-3-6 幼儿园大班做科学实验"油和水分离"

二、在环境创设中的应用

（一）具有绘本元素的环境创设

“环境是幼儿重要的教学资源，是孩子无声的老师”，“幼儿园环境创设主要是指幼儿园的墙饰、景观小品和活动区角等幼儿学习、游戏、生活区域的规划与设计”，“运用绘本元素创设环境，不仅可以营造温馨、美观的良好氛围，还可以充实教育，调动幼儿各种感官、认知等内容”。① 例如，在楼梯、走廊的墙面、顶部可以绘制、悬挂一些绘本图片或绘本书中的人物；在适宜的空地放置书架，书架上的书可以供幼儿和家长自由阅读；幼儿园的长廊以幼儿为主体，营造富有书香气息的校园文化。

如赤峰市红山区第七幼儿园把经典绘本做成大书放在幼儿园走廊的墙面上，幼儿进入幼儿园就仿佛置身于书香世界（图 3－3－7）；开展绘本《蚂蚁之家》主题活动，根据绘本内容开设了有趣的蚂蚁隧道活动，幼儿挖隧道、设计蚂蚁的生活环境；在建构区域为幼儿搭建了蚂蚁的家，设计了具有建筑气息的蚂蚁王国（图 3－3－8）。幼儿从中不仅了解了故事内容，懂得团结合作的重要性，还通过环境体验真实地掌握

▲ 图 3－3－7　赤峰市红山区第七幼儿园绘本环境创设

▲ 图 3－3－8　幼儿园绘本《蚂蚁之家》主题环创

① 孙平. 绘本元素在幼儿园环境创设中的应用[J]. 宁波教育学院学报，2016(6)：102.

了小蚂蚁的生活习性，丰富了幼儿的生活经验。

（二）具有教育功能的绘本馆环境创设

幼儿园绘本馆在环境设计上要以儿童为本，遵循儿童的审美和身心需求。

1. 区域分布

幼儿园绘本馆区域设计可分为：动态区——如表演区、自由阅读区、好书分享区等；静态区——如读书区、新书推介区等；其他区域——如图书修补区、自制绘本区等。还可以增设视听区和亲子阅读区等。

2. 座位设计

绘本馆要为幼儿提供舒适的座椅或坐垫，比如可爱、舒服的小椅子，厚而软的地毯块或大枕头。

3. 书架安排

绘本馆摆放各种类型的儿童书架，如悬挂式书架、可移动书架、立式书架等和储物柜来陈列和储存图书。

4. 其他设计

色彩设计：色彩在绘本馆的设计中，是非常重要的一个板块。用原木色或其他低饱和度色系进行装饰，再将彩色点缀到细节中，会让绘本馆舒适又不失童趣。

灯光设计：绘本馆的基本照明应采用间接照明，如回光灯（灯带）、灯膜（灯片）、射墙灯等。除此以外也可以用灯光，如落地灯、壁灯、吊灯等来划分不同的小区域，营造温馨的氛围。

总之，幼儿园绘本馆设计是通过其营造的环境，构建一个“以儿童为本”、功能合理、舒适安全、契合儿童审美和阅读特点、利于儿童养成良好阅读习惯的室内空间（图 3-3-9）。

▲ 图 3-3-9　赤峰市红山区第七幼儿园绘本馆

单元小结

绘本最大的特点在于通过图文的相互融合与信息交织传递的方式，推动故事发生和情节发展。绘本的类别众多，大致具有材质和样式上的创意，不同类型的绘本发挥着不同的功能与作用。

制作绘本之前需先了解绘本的结构、设定阅读对象，再展开文本策划、设计角色形象，最后选择工具、材料和表现形式进行制作。制作绘本的步骤依次为：确定装订方式、分镜设计、确定页面布局、色彩设计、文字的创意和设计。掌握每个步骤的要点及制作方法，能创作出可读性高、情节丰富、内容完整、版式有变化、图文协调统一的绘本。

幼儿自制绘本是绘本教学下的延伸活动，是运用多种形式进行美术创作的综合性前书写活动。在幼儿认识并了解绘本的基础上，教师选择合适的绘本，开展艺术、语言、社会、健康和科学五大领域的集体教学活动，然后引导幼儿仿编、续编、创编绘本，以图画的形式展现出来。幼儿自制绘本的创作形式有个人创作、亲子共同创作、班级小组或集体创作；幼儿园各班的单元活动、主题活动、校外参访活动、生活日记、区域活动、节庆文化活动都可以作为自制绘本的内容。应用绘本元素创设教育教学环境、布置绘本馆，能营造具有书香气息的校园文化。

思考与练习

1. 搜集生活中的自然物与人造物材料，通过对其特点、质感、造型与色彩的联想，整合前期所学的绘画类、平面及立体造型等表现形式，用绘制、摄影、数码编辑等方法创作一本绘本。

2. 根据所学知识，尝试撰写一篇以“认识自己”（主人公可设定为人类、动物或植物）为主题的原创绘本脚本。

3. 根据幼儿园的教学活动、区角活动、节庆文化活动等，以及幼儿需求、学习兴趣与经验，编写一份幼儿自制绘本活动方案。

4. 以琳达·克兰慈的绘本《独一无二的你》为例，设计一份幼儿园中班艺术领域活动方案。

5. 根据幼儿园的环境特色与教育理念，设计一份运用绘本元素以及自然物、人造物等材料，创设教育教学环境、展示幼儿自制绘本的方案。

第四单元
生活中的美与幼儿美术

学习目标

1. 了解社会生活环境与幼儿生活环境中的美术与美术现象及其价值和美感。
2. 学会欣赏并运用社会生活中的美感要素及形式要素，创设幼儿园教育环境。
3. 支持幼儿美术活动，学会解读幼儿美术作品以及支持幼儿美术行为的方法。

内容结构

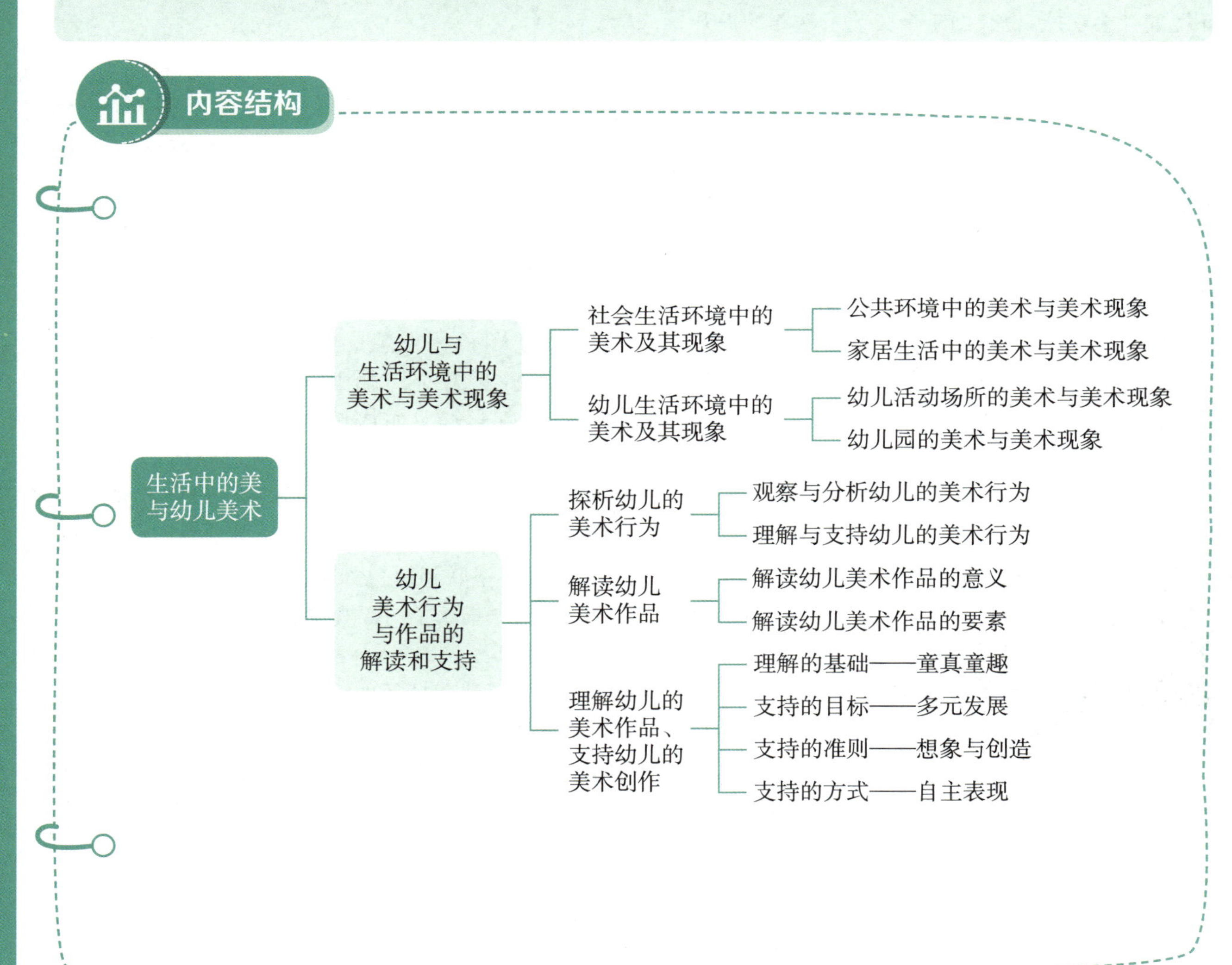

第一节　幼儿与生活环境中的美术与美术现象

美术是精神产品，它以独特的艺术语言表现并反映社会的发展与变化，社会也无处不在地影响着美术的流变和发展。进一步讲，美术广泛地存在于社会生活中，表现着社会生活，演绎着社会发展的过去、现在和未来，而社会生活又不断地为美术提供创作源泉和素材，也只有在社会生活中美术才得以持续发展并丰富起来；社会生活中不仅有美术存在，美术现象也普遍地融入人们的日常生活。可见，美术及其现象与社会生活相互交融、不可分割。就现实而言，美术对我们意味着什么？看看我们的学习用品、学习环境，再看看我们身上穿的……环顾身边和生活环境，从衣食住行到学习、工作、生活及公共场所等，可以说美术及其现象无处不在。对于师范生而言，感受、体悟并挖掘、利用社会生活中的美术与美术现象等精神文化资源，不仅能够提升自身的审美能力，也能有效帮助幼儿感受周围环境和社会生活中的美，进而支持幼儿全面发展。

一、社会生活环境中的美术及其现象

美术及其现象与社会生活环境的关系从来都是不可分割的，当今时代更是如此。鳞次栉比的建筑风格多样，各种交通工具集科技与艺术于一体，生活用具的设计兼具实用性与艺术性，互联网的信息图文并茂，书画艺术品走进普通家庭……美术及其现象在人们的社会生活中被广泛运用和体现，不仅具有美化环境的社会功能，也有助于全民艺术素养的提升。

（一）公共环境中的美术与美术现象

1. 城市、公园、广场、旅游景区等公共场所的美术与美术现象

在一些城市或公园、广场、旅游景区等公共场所，一般都会有标志性的建筑或雕塑，从造型与装饰上美化环境，并给人美的感受。如图 4-1-1 是坐落于上海的东方明珠广播电视塔（以下简称“东方明珠”），是上海的标志性文化景观之一。东方明珠是由极简的圆柱体构成的长方体、三角体造型，穿插几个球体，形成纵向延伸，高高的天线桅杆引领人们的视线到无限的天际，引发想象与遐思；塔身整体颜色素净，立柱与斜撑柱均为灰白色，上、中、下三个圆球外层分别由浅红色和银灰色的玻璃钢镶嵌而成，色彩鲜明而协调，彰显了极简主义的格调[①]。东方明珠的设计来自 20 世纪 70 年代，带有特定时代的审美元素，具有超前、科幻的意味，辨识度很高，让人过目不忘。设计者创造性地化用了“大珠小珠落玉盘”的东方古典美学，富于想象地将 11 个大小不一的球体从近 400 米的高空串联到绿色如茵的草地上，而两颗宛如红宝石的巨大球体则晶莹夺目，描绘了一幅既古典又科幻的画卷[②]。

▲ 图 4-1-1　东方明珠广播电视塔

2. 消费场所的美术与美术现象

商场、超市、饭店、咖啡厅等消费场所的设计往往与经营主体的风格相协调，根据顾客的需求和喜好，力求舒适宜人、特色鲜明。如现实生活中的咖啡厅被誉为人们的“第三生活空间”，是人们休闲、放松的场所。大多数咖啡厅的设计和环境都讲究文化性、氛围感，旨在为顾客营造和谐舒适、有品位的慢生活情调。

---

① 陈青，李明星. 上海“东方明珠”电视塔设计方案创作始末——总设计师江欢成院士访谈记[J]. 设计，2017(7)：139-141.

② 方无. 上海・东方明珠广播电视塔　中国人的“上海情结”[J]. 城市地理，2020(10)：83-85.

一般咖啡厅的美术现象是通过色彩、造型、材料、体量以及构建方式等表现出来的。如图 4-1-2 是某咖啡厅内的场景，灯光的色彩营造出一种休闲氛围，吧台里投射出高亮的暖光，顶棚向下泼洒蓝色的光，对比强烈的冷暖色同时投射到桌子上，冲击着人们平日疲劳的视觉，也给面前的咖啡及餐具着上了迷幻的色彩。咖啡厅的布局、陈设、装饰，很注意线与形的统一与变化，以房梁、窗口和吧台的长直线形作为统率，桌子也摆成长条形，共同构成了直线形的空间分割布局，体现出整齐一律的秩序美；椅子上的弧线装饰则于统一中产生变化，并重复排列形成了均齐的节奏。咖啡厅的布局与陈设形成了主题鲜明的情境与格调，人们在优雅、放松的环境中舒缓紧张的情绪，平复躁动的内心，享受这份宁静与舒适。

▲ 图 4-1-2 咖啡厅

3. 城市街道、街区的美术与美术现象

城市街道、街区是体现市容市貌的重点和难点，也是公共宣传的主要场地。如图 4-1-3 所示，沿路而设的路灯灯杆从视觉上延展为一条条长龙，由近及远的强烈透视、渐次变化的节奏与韵律，形成了视觉的纵深美感，同时也产生了律动美。再如图 4-1-4 是在不同街道设置的路标，形态各异，根据不同的环境、不同的需要以不同的形式呈现，具有很强的艺术性与观赏性。尤其是旅游景区里的路标，与周围景观浑然一体、妙趣横生，使人们在欣赏美景的同时，产生一种和谐与独特的美感体验。

▲ 图 4-1-3 路灯灯杆

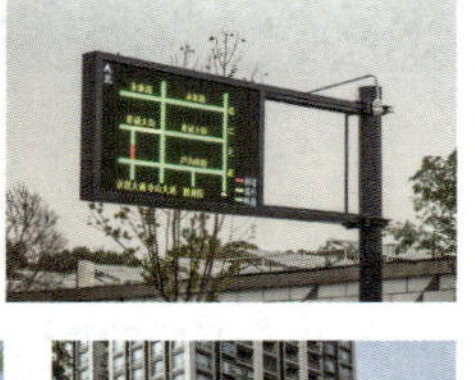

▲ 图 4-1-4 路标

4. 公共交通站点的美术与美术现象

公共交通站点是展示当地文化与风情的窗口，尤其地铁站的装饰设计及壁画是一种很有特色的美术现象。图 4-1-5 是北京东四地铁站主站台，牌楼结构的造型主要用泥金、黄色、黑色、白色绘制传统图案，浅铜色的立柱将所有颜色统一起来，彰显出具有中国传统文化艺术中古朴淡雅的风格。图 4-1-6 是站厅内的系列浮雕壁画《东四记忆》，主要展现了老北京中心城市的商业文化、市井市民文化，描绘了曾经的皇城生活，重现了东四牌楼下老北京人不能磨灭的情感记忆。壁画用单色线描与石雕彩绘相结合的表现手法，刻画

▲ 图 4-1-5 北京东四地铁站站台

大市街

履人

行义

隆福寺

▲ 图 4-1-6　东四地铁站浮雕壁画《东四记忆》

出老北京熙来攘往的街景，造型简洁疏朗，白底色、黑线条构成的黑白灰与墙面仿古城青砖的色彩相呼应，局部用浮雕凸出表现，强化视觉效果，进一步深化主题。地铁站壁画不仅记录、传递了地域传统文化，为公共空间塑造美的情境，亦能丰富人们的审美经验，提升审美素养。

5. 公共场馆的美术与美术现象

美术馆、博物馆、图书馆等场馆是文化传播的重要场所，尤其是美术馆和博物馆，是美术与美术现象集中展现的地方，它们以视觉艺术为中心①，在外在感官以及内在精神双重层面上满足人们的审美需求。如图 4-1-7 和图 4-1-8 是中国美术馆的展厅，展线的分布依托墙面及空间，展品排列或对称，或均衡，

▲ 图 4-1-7　美术馆展厅(1)

▲ 图 4-1-8　美术馆展厅(2)

① 陈立. 从精神容器到开放场域：当代美术馆的特征和形式研究[D]. 北京：中央美术学院，2017：33-47.

抑扬顿挫、分明有致，使观众在流动中能够完整、有效地参观展览；展厅的色彩起到展示空间形态、烘托艺术作品、强化展览主题的作用。图 4－1－7 是第十三届全国美术作品展览的主展厅，墙面用大红色，烘托出五年一届的美术盛事带给人们的兴奋与审美愉悦；光是非常重要的展厅要素，展厅的灯光不止为了让观众看清楚展品，更对展现艺术品的自身价值起着至关重要的作用。如在灯光下，作品所用材料的质感、肌理、笔触等形式要素会焕发出新的生命力，引发观众对作品艺术魅力的精神体验。各地大大小小的美术馆不同程度地展示美术作品、传播美术现象，借以培养和提升民众的审美情感。

6. 书籍、报纸、杂志、广告宣传牌中的美术与美术现象

书籍、报纸、杂志等印刷品和广告宣传牌的字体、色彩、版式、空间等要彼此搭配得宜、处理得和谐有度，整体格调要使人赏心悦目，才能引起读者的阅读兴趣。如图 4－1－9 所示，书籍封面设计布局疏密得当，书名醒目，色彩单纯而强烈，主题鲜明；插图穿插恰当，布局张弛有度、赏心悦目。图 4－1－10 是家喻户晓的印刷媒体——报纸，报纸版面主要有板块化、整齐化、简约化的视觉美感[①]，有的充分利用大尺度图片增强视觉冲击力。插图和文字都呈现方块化，均匀整齐。报头醒目，居于最上方，面积最大，容易给读者留下深刻印象。板块的标题字体变化较多，要考量与插图、正文的协调关系，做到恰到好处的美。报纸的色彩配置以服从主题为要义，一般报头的色彩是固定的，正文用黑色，插图和小标题的色彩要与报头的色彩相协调，形成整版统一的色调风格，充分利用视觉艺术愉悦读者，使其深刻体验读报的美感。

▲ 图 4－1－9 书籍

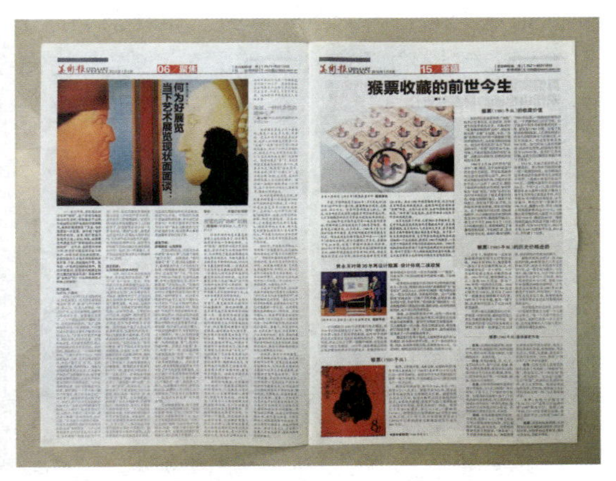

美术报 06

何为好展览

当下艺术展览现状面面谈

美术报 15

猴票收藏的前世今生

▲ 图 4－1－10 报纸

7. 数字媒材中的美术与美术现象

影视、动画、网页这些以数字化形式呈现的影像、画面，都离不开点、线、面、色彩、构成、肌理、透视、光感、动态感等美术元素的表现。以动画电影为例，图 4－1－11 是我国著名的动画电影《大闹天宫》的剧照，是国产动画里程碑式的作品。同其他艺术门类相比，美术在我国动画电影中的地位最高，在国产动画电影探求艺术表现手法的过程中，美术表现形式上的成就也最为显著[②]。比如装饰线条在《大闹天宫》的形象刻画上被运用得活灵活现：孙悟空的脸部造型取自京剧脸谱，表现出了戏剧化的装饰效果；玉皇大帝和太白金星形象上的线条运用，表现出人物怀疑、善变的心理以及性格特点；环境、背景运用的线条灵动缥缈、变化无穷，表现出天宫仙境、自然山川的美感。大量中国传统图案元素的运用，烘托出了精美的图案装饰效果，把动画技术最突出的特点和传统的东方绘画风格结合在一起，塑造出既具有民族

▲ 图 4－1－11 动画片《大闹天宫》

---

① 曲通春. 美学视角下的现代报纸排版设计研究[J]. 新闻传播，2016(19)：59－60.

② 肖路. 国产动画电影的传统美学风格及其文化探源[D]. 上海：华东师范大学，2006：19－20，58－59.

特色又具有艺术新意的动画图景。

社会生活中的美术与美术现象广泛存在于各个方面。其内容与表现形式能传递某一地域的文化与审美观，满足人们的生活实用与审美需求，因此具有民族性、典型性和普遍性；彰显时代的精神，凸显节令与庆典氛围，具有时代感与时效性。“美”的形象、造型与事物，能够提升社会公共生活的品质，塑造美的情境，培养人们的审美品位。

（二）家居生活中的美术与美术现象

家庭是主要的生活场所，家居生活环境的布局与布置时时刻刻影响着我们的身心，拥有舒适美观的生活环境是人们的渴求。因此，营造具有美感的居家环境、生活在充满美的情境中，能满足人们身心对美好事物的追求，以及提升审美品位与生活美学观。

1. 家居装饰设计之美

我们从立体空间陈设、平面装饰布置等方面来欣赏和分析家居装饰设计的美感要素。

从立体空间陈设来看，如图 4-1-12 所示，居室布局设计要预想到装饰装修效果和各种家具的造型，以及摆放、组合后分割空间所形成的空间负形，同时还要考量与光照、与生活动线的关系和层次，以方便起居，优化美化环境，提升生活品质，满足人们的审美需求；平面装饰布置则通常以达到“平”“净”“美”为目的，营造宽敞明亮之感、舒适宜居之美；家居软装饰能充分体现主人的生活品位和审美追求。

儿童房间，一方面要满足儿童休息、学习、活动的功能，另一方面要迎合儿童的特点和心理需求，根据儿童喜爱鲜艳的颜色和有趣的造型特点装饰设计，还要体现整体的品位和意趣。如图 4-1-13 所示，家具造型多样、错落有致；色调以高亮的暖色为主，搭配单纯色块，使儿童感受到温暖、和谐、趣味、安全、靓丽的空间氛围。

▲ 图 4-1-12　家居客厅

▲ 图 4-1-13　儿童房间

▲ 图 4-1-14　中华旗袍

2. 服饰之美

服饰是人们审美文化、审美趣味和审美理想的直观物态化表现，是人们在家居生活、社会活动中形象表现的重要因素。如图 4-1-14 所示，中国传统服饰旗袍的美是富有灵性的，把东方女性的美丽刻画得淋漓尽致①。不仅可以完美地体现女性的头、颈、肩、胸、腰、臀、臂、腿等部位，更能传达东方女性特有的精神气质，体现“中和之美”。旗袍的自然曲线造型最能表现出女性婀娜、秀美的身段；衣领能衬托出女性头颈部高贵端庄之美；胸襟的形态是最为丰富之处，襟形款式有直襟、圆襟、方襟、斜襟、双襟、如意襟、琵琶襟等，胸襟的装饰也最能体现审美风尚与取向，往往镶有装饰花边或刺绣；盘扣极富民族特色且独具匠心，以画龙点睛之笔用于旗袍之上，彰显雍容华贵的中国审美风范；开衩这一旗袍独有的设计充分表现出女性内在的朦胧美。选择服饰不仅要与着装者的身

① 汤新星. 旗袍审美文化内涵的解读[D]. 武汉：武汉大学，2005：14-19.

材、职业、气质、修养相吻合，还要与周围环境、场合相适应，才能大方得体、相得益彰。

3. 居家悬挂艺术作品

随着社会生活水平和文化素养的提高，很多家庭选择用书画作品装点居室，这样不仅可以美化生活，还能开阔视野、愉悦身心、提高艺术修养。一般而言，艺术作品的形式有中国山水画或花鸟画、油画、装饰画、书法等，可根据主人的审美偏好选择。艺术作品的风格与内容，则根据空间的色彩、情境、功能做搭配。如图4－1－15所示，悬挂于墙上的花鸟画与房间的布置风格很协调，原木色的家具、玉米皮编的蒲团以及素色的陶瓷花瓶，都体现出崇尚自然的审美观，营造出恬淡、简约的风格。

▲ 图4－1－15 居家悬挂艺术作品

综上所述，家居生活中的美术与美术现象是人们文化品位和审美格调的集中体现，掌握一定的审美规律，对家庭的和谐、幼儿的成长以及文化、审美素养的养成，都起着潜移默化的作用。

二、幼儿生活环境中的美术及其现象

幼儿在社会生活中属于特殊的群体，虽然他们也会加入前文的社会公共生活中，但诸多活动、用品不同于成人，因而就产生了专为幼儿设计的公共场所以及与之相应的活动。

（一）幼儿活动场所的美术与美术现象

日常生活中，诸如游乐场、儿童乐园、儿童用品商店等，就是幼儿社会生活中主要的公共活动场所。

1. 室内儿童游乐场

如图4－1－16、图4－1－17、图4－1－18所示，儿童游乐场里有造型各异、装饰精美、创意独特的大型游乐设备，有的还巧妙运用声、光、电制造出魔幻、神秘的情境，可以说是独特的现代装置艺术品。造型有趣、色彩丰富是这些游乐设备的最大特点，游乐设备的外形大多是圆润光滑的圆球体、圆柱体、圆环体、自由弧线体等，不仅带来圆融和乐感，而且可以避免幼儿因粗糙表面或尖锐形体而受伤。色彩鲜艳的游乐设备，能吸引幼儿的目光，增添活泼的气氛。儿童玩乐设备一般用光洁轻巧的玻璃钢材质，反射出顶棚的灯光，给诱人的造型添上点点星光，烘托出热闹、欢乐的气氛。

▲ 图4－1－16 室内儿童游乐场(1)

▲ 图4－1－17 室内儿童游乐场(2)

▲ 图4－1－18 室内儿童游乐场(3)

2. 儿童主题乐园

如图 4-1-19 是闻名遐迩的上海迪士尼乐园的奇幻童话城堡。整座城堡是典型的欧式建筑风格，由八个造型各异的塔楼组合而成，有尖顶的，有圆顶的，还有梯形的、多面体的；白色的拱形门窗错落在红色的砖墙上，栉比鳞次、互相簇拥，形成重要的视觉元素。迪士尼以可爱的形象和奇特的建筑造型，向人们展示了世界经典建筑与欧洲地域文化，营造了一个神秘、梦幻的世界。

▲ 图 4-1-19　上海迪士尼乐园

3. 儿童用品商店

儿童用品商店的装饰风格一般体现儿童特点，如装饰有卡通形象、动漫公仔等，多数色彩鲜艳，饱和度高。如图 4-1-20 所示，门口用小黄鸭的头部轮廓设计而成，与商品主题相映成趣，主要用亮丽的黄色调；灰色的背景墙衬托出商品的色彩，使之鲜艳明快，营造出轻快活泼的氛围，塑造了强烈的视觉效果与品牌形象。

▲ 图 4-1-20　儿童用品商店

因此，游乐场、儿童乐园、儿童用品商店等许多儿童活动场所存在的美术和美术现象，不仅是人民生活品位与美感素养的表征，也是熏陶幼儿美感的途径。

（二）幼儿园的美术与美术现象

幼儿园是幼儿生命历程中第一个集体生活、游戏和学习的主要场所，其意义不言而喻。美术和美术现象在幼儿园里随处可见，幼儿园的各种建筑、室内外的环境创设、幼儿园的各种活动设施设备与玩教具、学习与活动用品、园服与园徽等，都与美术密切相关。这是根据幼儿的身心特点与发展规律设置的。

1. 幼儿园室外环境的美术与美术现象

（1）幼儿园园舍

幼儿园的大门口不仅具有交通、服务、疏导等社会功能，还具有景观与文化的展示功能，更具有教育功能。如图 4－1－21 中长颈鹿的造型巧妙有趣、动态优美，色彩单纯强烈且具有象征意义。大长颈鹿仿佛是幼儿园老师，眼神里充满了爱与鼓励，与昂头向上的小鹿宝宝产生情感共鸣。这样的美术形象传达出信任、安全、被爱的意义，给人美好愉悦的感受。图 4－1－22 从幼儿的审美需求出发，将保教楼做成类似城堡的造型，粉色与灰色砖墙对比鲜明，彩色玻璃为建筑增添了些许神秘感。可以说，幼儿园园舍的建筑代表了幼儿园的风格与特色，时刻影响着幼儿的审美。

▲ 图 4－1－21　幼儿园大门口

▲ 图 4－1－22　幼儿园主体建筑

（2）幼儿园室外活动环境

幼儿园的室外活动环境设计，往往寓游戏性、趣味性、科学性、教育性、安全性、艺术性于其中。如图 4－1－23 所示，活动场地中各种设施的合理布局不仅能使幼儿得到充分的锻炼，也是重要的美感形式。高高的滑梯造型各异，最引人注目；攀爬网、攀爬架的巧妙组合最能活跃气氛；长距离的运动场地设计成彩虹的色彩，与色彩斑斓的轮胎相映成趣，博得了幼儿的喜爱。

2. 幼儿园室内环境的美术与美术现象

幼儿园室内活动区域设计通常遵循合理、有效、美观的原则，根据幼儿的年龄阶段与认知特点，充分考量造型、空间分割、构成与色彩等要素及其相互关系，设置内容要涵盖幼儿身心和谐发展的各个层面。如图 4－1－24 所示，依托本土特色，用苇帘、玉米、大蒜等装饰餐厅门口，充分利用多种材料的形态、色彩、肌理、质感等，用纸箱、黏土、彩纸等制作炊具及饭菜。这些本身就透露出浓重的美术现象。

幼儿园室内的墙面也是美术与美术现象集中体现的地方，幼儿园的主题墙饰、区域环创、作品展区等通常是幼儿园教师与幼儿以美术手段美化环境的集中展示。如图 4－1－25 是一所幼儿园以“水果的秘密”为主题的墙面装饰，上半部分，主题图在蓝灰色背景的衬托下，鲜艳饱满、惟妙惟肖，底边用小栅栏和花朵装饰，增添了田园风情和童趣。下半部分是幼儿在各色大水果图形上手工制作的小水果造型，幼儿使用彩纸、不织布、黏土以及水粉颜料等材料，用单纯鲜艳的色彩表现了美味的水果。整个墙饰造型灵动、色彩明快，非常符合幼儿的审美需求。幼儿参与制作，是他们体验与感悟形式美感的最好方式。

▲ 图 4－1－23　幼儿园室外活动区域

▲ 图 4－1－24　幼儿园室内活动装饰

各种游戏材料的摆放，也是幼儿园中很重要的美术现象。如图 4－1－26 所示，游戏材料分别按材质、用途和形态进行分类，再将材料筐放到相应活动区域的置物架上，并统一贴好标签。这样摆放不仅使得环境整洁，而且分门别类、取放方便，也形成了整齐一律的美感效果。

幼儿美术作品展示是美术与美术现象最直观的体现，同时不同的展示方式也会产生不同的美感效果。作品展示的关键在于情境的叙述性与完整性，即构图与装饰的形式要根据主题而定。如图 4－1－27

▲ 图 4-1-25　幼儿园墙面主题装饰

▲ 图 4-1-26　幼儿园游戏材料的摆放　河北省玉田镇东查屯幼儿园供稿

▲ 图 4-1-27　幼儿美术作品展示(1)

是把幼儿作品装裱在不同形状、不同色彩、不同质地的底板上，再串联起来挂在墙上，形成一个个小主题墙饰。底板的造型和色彩都会根据幼儿的作品形式而定，整体色彩或协调统一，或对比鲜明。既展示了幼儿的作品，又美化了教室环境。再如图4-1-28，是拟设场景展示幼儿美术作品，把幼儿的泥塑作品放进葡萄酒的木盒里，模拟小动物们都上床睡觉了；把幼儿的软黏土作品展示在小木棍做的梯子上，营造出小动物爬梯子比赛的场景；把幼儿画的青花瓷瓶展示在展架上，模拟拍卖的情景。又如图4-1-29，将作品装订成册的展示方式，有的用小树枝、麻绳、小夹子等天然材料串联起来，有的钉在造型底板上。多样的装饰都与作品册相映成趣，传达出朴素天然、不着华饰的美，衬托出幼儿作品的朴拙与童趣之美。富有创意、具有形式美感的作品展示方式，除了能给作品增色，更能够增强活动室环境创设的功能性与美感度。

▲ 图4-1-28 幼儿美术作品展示(2)

视频

幼儿美术作品欣赏

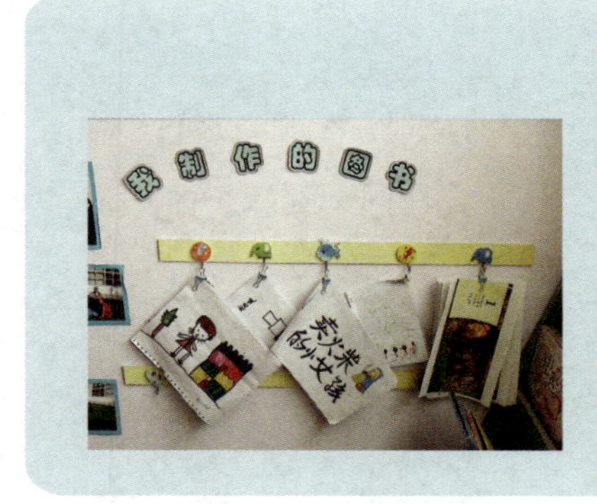

▲ 图4-1-29 幼儿美术作品展示(3) 河北省玉田县玉田镇中心幼儿园供稿

综上所述，师范生除了要提升自身的审美能力，还要能在生活环境中发掘美、感知美、欣赏美，从而积累美的素养，并运用于将来所从事的学前教育事业当中。

第二节　幼儿美术行为与作品的解读和支持

幼儿对事物的感受不同于成人，他们表达自己的认识、情感的方式也有别于成人。那独特的笔触、动作和语言等，往往蕴含着丰富的想象和独特的情感。正因如此，师范生应具备正确理解幼儿美术行为、解读行为结果和美术作品的能力，以有效支持幼儿对美的体验和感受力，丰富其审美想象力和创造力。

一、探析幼儿的美术行为

幼儿的美术行为贯穿幼儿成长的全过程，因为幼儿天生就喜欢涂涂画画、捏这贴那。幼儿美术能力的形成与发展有随着年龄的增长而逐渐提升的阶段性规律，环境与教育因素也起着非常重要的作用。幼儿园承担着增进幼儿的审美情趣，激发他们发现美、创造美，让每个幼儿都得到美的熏陶和培养的教育使命，幼儿园教师要鼓励幼儿用不同的艺术形式大胆地表达自己的情感、理解和想象，肯定和接纳幼儿独特的审美感受和表现方式，分享他们创造的快乐[①]。所以，师范生首先要学习如何观察、理解幼儿的美术行为，再寻求支持幼儿美术行为的策略。

（一）观察与分析幼儿的美术行为

幼儿的美术行为是一个将内隐的心理活动与外显的行为表现融为一体的复杂过程，而内隐的心理活动常常通过外显的行为表现出来，我们容易观察到的是幼儿外显的行为表现[②]。所以，通过观察、记录、分析幼儿在美术创作过程中的语言、表情、行为表现，来正确理解幼儿的美术行为、解读行为结果和幼儿的美术作品，找到存在的问题并提出相应的支持策略。

师范生可以参考如表 4-2-1 所示的幼儿的美术行为记录表单，根据具体观察重点或研究任务设置相应的观察项目（表列一），进行项目分析（表列二），并及时填写幼儿美术行为表现的记录（表列三）。

表 4-2-1　幼儿的美术行为记录

观察项目	项目分析	美术行为表现
兴趣与主动性	主动性可能受幼儿对美术的兴趣的影响，也可能受幼儿对此次美术活动内容或工具材料是否有兴趣的影响，观察幼儿是否愿意投入美术活动中，在创作中是否积极主动，是否兴奋愉悦	对美术活动有兴趣，主动进行美术创作并沉浸其中
		对此次美术活动内容有兴趣，主动进行美术创作
		受到特定美术工具材料的吸引，开始进行美术创作
		看到他人进行美术创作，自己也就跟着做
		在教师的提醒或要求下开始进行美术创作
		时常中断美术创作，或玩弄画具，或四处张望，或干扰他人创作
		拒绝进行美术创作
独立性与自主性	独立性与自主性可能受幼儿自身气质与性格的影响，也可能受幼儿美术能力的影响，观察幼儿是否自己决定活动任务，是否自己解决问题，是否独立完成任务	自己决定活动内容，自己解决问题，拒绝他人干涉，独立完成美术创作
		主动请教他人，考虑他人的建议，然后自己完成美术创作
		模仿他人完成自己的作品
		接受并在他人帮助下完成美术创作
		完全依赖他人完成美术创作

① 教育部.幼儿园教育指导纲要(试行)[Z].教基〔2001〕20号.
② 王任梅.学前儿童美术教育[M].北京:北京师范大学出版社,2019:262.

续 表

观察项目	项目分析	美术行为表现
专注度与持久性	幼儿的专注度可能受环境、幼儿的兴趣以及学习品质影响，专注度越高，持久性越长	能够持续完成美术创作，不受外界环境影响
		能在同龄幼儿可持续的时长内从事美术创作活动，偶有离开，但能自动回来，继续完成创作
		需要他人的鼓励与督促，才能完成美术创作
		创作期间断断续续，不能完成美术创作
		中途放弃，不能完成美术创作
想象力与创造性	幼儿随着认知以及情感的丰富、语言表达能力的提高，想象力和创造力会逐渐增强	能够大胆想象，并独立创造形象
		需要他人引导展开想象与创造，独立完成美术创作
		需要他人逐步指导才能引起部分想象，创造出来的形象过于拘谨
		不愿自主想象，没有创造欲望
熟练性与技巧性	幼儿在美术活动中的熟练性与对绘画工具的了解程度相关；适当地运用技巧，能够丰富幼儿的创作，也能够使幼儿更灵活地使用工具、材料	能够灵活、准确地使用绘画工具、材料，做到手、眼、脑相互协调运用，丰富画面内容
		基本了解工具、材料的使用方法，并独立操作使用
		需要他人一步步指导，完成美术作品
		随意使用工具和材料，没有掌握其特性
习惯性与常规性	幼儿在美术活动中是否按步骤有条理地进行，物品摆放是否有秩序，对美术创作有直接影响	能够做到有步骤、有秩序地进行美术活动
		能够按常规完成任务，并解决活动过程中遇到的问题
		需要他人提醒才能完成美术活动，需要他人帮助才能解决遇到的问题和困难
		随意表现画面内容，画作呈现混乱
		不能从始至终完成作品
协作性与分享性	协作性与分享性的开展，能够促进幼儿交往，建立合作精神，深化快乐体验。在美术活动中，观察幼儿是否能够考虑他人，是否懂得分享知识与技能，是否边协调边活动	处于领率地位，能够做好分工与协作，有集体意识
		明确自己的职责与任务，愿意与他人协作并分享经验
		能够明确自己的职责，但不会与同伴沟通、交流
		特立独行，只顾自己完成作品，不考虑同伴的进度
		影响他人活动进度，破坏团队整体氛围，无集体意识

（二）理解与支持幼儿的美术行为

幼儿在幼儿园的美术活动是教师在充分尊重幼儿美术能力发展规律的前提下，通过科学、适度的引导与支持而进行的，师范生可以从以下方面对幼儿的美术行为给予支持。

1. 丰富材料，创设情境

《纲要》中提到："指导幼儿利用身边的物品或废旧材料制作玩具、手工艺品等来美化自己的生活或开展其他活动。"美术材料是幼儿进行美术创作的重要媒介和基础物质条件，能够用来创设特定的情境氛围，激发幼儿的兴趣与表现欲望，丰富美术创作的技法。材料的美感能够提升美术作品的艺术价值，选用适合的材料能够促进幼儿内心情感的表达。

视频

探究美术材料支持幼儿美术活动

师范生要养成收集材料的习惯，充分挖掘其美感特性，创设适宜的情境，引导幼儿探究如何巧妙地运用工具、材料，满足幼儿美感创造的愿望。在投放材料时要注意以下四个问题：①材料的投放要与主题相吻合，要能够体现个性与特色；②材料的运用要与幼儿的发现、探索相融合；③材料的运用要与亲子活动相融合；④教师要想方设法让作品保留幼儿的痕迹。

案例：自然材料拼摆造型《生如夏花》。

如图 4－2－1，幼儿运用多种自然材料拼摆造型，有点状材料如石子、松塔、干花，有线状材料如树枝、花茎，有面状材料如树叶。孩子们经过观察、研究这些材料的特性，根据经验与创想，决定直接进行拼摆组合，他们运用重复的手段表现了造型的节奏与韵律，仿佛从大地生出的花朵一般，凸显出自然肌理的美感。幼儿的专注力、自主性与协同合作性都得到极大的满足与发展，共同享受着创作的快乐与成功的喜悦。

▲ **图 4－2－1　自然材料拼摆造型《生如夏花》**　玉田镇东查屯幼儿园供稿

2. 鼓励幼儿运用多种美术表现语言

幼儿生活中的各种事物都可以成为创作的主题，师范生要善于发现这类素材，引导幼儿在现实生活中观察、感悟，提供适宜的环境与发展空间，增加艺术欣赏与实践的机会，激发艺术想象与创造，鼓励幼儿大胆探索，多与幼儿沟通交流，肯定幼儿积极的表现，鼓励、理解并支持幼儿运用丰富多样的美术语言，给幼儿的美术行为与表现以有力的支持。

案例：我的幼儿园。

如图 4－2－2 的幼儿园室外环境创设，巧妙地利用树木枝干、木片、石头等材料造型，以幼儿熟悉并感

▲ **图 4－2－2　我的幼儿园**　河北省玉田县玉田镇中心幼儿园供稿

兴趣的内容与形象为主题，将其融入绿化美化，构成幼儿生活的场景。像《快乐相伴》《相亲相爱》《和谐家园》《匹诺曹和他的伙伴们》《丰收》等，这些都是幼儿在教师的指导下，以线形、块状、面状、点状等材料，运用切削、捏塑、捆扎、粘贴、拼接、绘画、堆叠等手法，创造出各式各样的美术表现语言，将艺术美融入环境，使幼儿在制作、营造与游戏过程中耳濡目染地受到教育与感染，审美能力以及创造丰富美术语言的能力因而得到提升与发展。

3. 关注幼儿情感表达

▲ 图 4-2-3　涵涵　6 岁

案例:《点点　线线　染染》。

我们来看图 4-2-3 这幅画，涵涵画的线条很杂乱，用色比较单一，涂色也很跳跃，感觉她当时的情绪不太稳定，但通过仔细分析发现画面故事很不一般。原来妈妈对涵涵的要求很严格，因为她只犯了点小错误，妈妈责罚她比较重，涵涵感到很后悔，也很害怕，就画出了自己的心事。她遇到了小怪兽，要把所有东西都炸飞，她害怕地跑呀跑，看见一颗小爱心掉进紫色的河里，她连忙去捞，可是捞不到，又遇到一个漩涡。小爱心沿着长城跑到山上、跳到空中。后来起火了，蓝色的天空变成了粉色。她终于要追到小爱心了，可是火非常大，她最终解救不了小爱心。

从以上这个例子，我们可以看出，当幼儿难以将害怕、焦虑等负面情绪用口语表达时，通常会以直观的视觉语言来宣泄、抒发。师范生除了要重视幼儿作品的美感表现之外，还要挖掘蕴含其中的情感表达因素，要学会理解并支持幼儿的美术表达方式，要尊重幼儿的自主意识，走进幼儿的心里，做他们成长路上的支持者与引导者。

二、解读幼儿美术作品

（一）解读幼儿美术作品的意义

幼儿美术作品的解读是基于幼儿美术表现的特点，以作品的内容和表现形式为着眼点，了解幼儿的情感需求，客观地分析幼儿的发展特点与审美感受，能够使师范生充分了解幼儿的认知规律、表现特点及审美情感，进一步提升幼儿表达与创造的能力，更有针对性地指导与支持幼儿成长。

（二）解读幼儿美术作品的要素

1. 内容与形式要素

美术作品的构成包括内容与形式两个方面。幼儿作品的内容，无论抽象或具象，都离不开他们生活的世界或心理活动，反映幼儿的情趣、情感、体验、联想、想象等。师范生首先要能够分辨幼儿作品表现的是具象的形象，还是抽象的形态。

形式要素包括线条、图形、色彩、构图、造型、肌理、质感等。用什么样的形式表现取决于幼儿的主观感受，映射出幼儿的心理特点与情感体验。

2. 表现语言与技能要素

幼儿美术的表现语言要素包括写实、装饰、夸张、疏密、聚散、对比、协调、节奏、韵律等。这些表现手法能否运用得当，反映出幼儿审美感知的发展程度，有着随年龄的增长与认知能力的提高而发展的趋势，但也有停滞不前的。

技能要素包括用笔、涂色、配色、剪贴、塑形、堆叠、用材等。一般情况下，幼儿的作品能反映其技能表现水平、观察分析能力、审美感知能力、创意想象能力等，与他们的认知经验和身体发展水平也有很大的关系。

如图 4-2-4 和图 4-2-5 分别是小哲在 5 岁和 6 岁时的写生盆花和写生枝叶。5 岁时画的花盆只用简单的方格表现，花枝一根根并列向上，叶子没有画叶柄，都用同样的小椭圆形表现，花朵长得几乎一模一样。用线比较拘谨胆小，色彩也是主观概念化的表现。6 岁时的写生明显把握了植物的特征，也画了很多细节，花盆的花纹用曲直长短不同的多种线条构成，形成了丰富多样的图形变化。花枝向不同的方向生长，有了曲直粗细的变化，还画出了柔曼的枝条。叶子有大有小，具有不同的外形特点，还画上了各种各样的叶脉。色彩有不同的倾向，能够区分出冷暖色。线条浪漫恣肆，装饰感增强。随着幼儿认知能力提高、感受加深，整体构图的把控、线条的描绘、色彩的归纳、画面的丰富性和可辨识度等都有了飞跃性的提高，表现的主动性与可操控性加强了。

▲ 图4-2-4 写生盆花 小哲 5岁

▲ 图4-2-5 写生枝叶 小哲 6岁

3. 情意与能力要素

情意与能力要素包括兴趣、态度、毅力、专注力、想象力、创造力、协作能力等。心理学观点认为，幼儿对外部世界的感知，会通过行为动作表达出来。美术对幼儿而言，是一种表达自我的形式，幼儿运用视觉语言符号，记录、反刍与传达生活感知、学习历程与情感经历等。也就是说，幼儿把对事物的兴趣、态度、喜好、欲望等付诸于线、形、色等元素。当他们沉浸于自我表达的情境之中的时候，容易养成毅力与专注力。研究证明，以上种种情意与能力，可以通过幼儿的美术作品显现出来，也可以通过美术行为活动得到培养与提高。

如图4-2-6《低碳环保旅行车》这幅画有着耐人寻味的故事和意义。主体是一辆大蘑菇形状的房车，蘑菇柄是盛放“可回收”“不可回收”垃圾的地方；房车的尾部拖着一个大扫把，在行驶的同时能够清扫路面。蘑菇车的设计表现出创作者的想象、创意思维与环保观念。蘑菇车的周围长了好多大树，开满了鲜花，小鸟和蝴蝶高兴地飞舞、歌唱，太阳高照，洋溢着幸福和谐的气氛。萱萱用了将近一天的时间，把心目中所有喜欢的、美好的物象以及科学知识整合表现于作品中，传达出对美好环境的想象。作品呈现出创作者细腻的观察力与描绘手法，以及丰富的想象力、可贵的环保观念与独特的创意。

▲ 图4-2-6 《低碳环保旅行车》 萱萱 6岁

三、理解幼儿的美术作品、支持幼儿的美术创作

肯定幼儿的艺术探索与表现，欣赏幼儿的艺术思维与创作，是教师在幼儿的成长道路上应该做的。

幼儿美术作品表达的内容与运用的形式语言与成人有很大的不同，具有独特的审美趣味，常常运用自我表现手段表达真挚的情感，展现出独特的创意与创新能力[1]，有很多方面是值得成人赞赏与借鉴的。师范生要基于幼儿美术作品解读的诸要素，如内容与形式、表现语言与技能、情意与能力，尊重幼儿的自我表现，以理解、包容、欣赏、鼓励的态度看待幼儿的作品，理解幼儿的美术作品、支持幼儿的美术创作。

（一）理解的基础——童真童趣

幼儿美术作品的难能可贵之处就在于传达童真、富有童趣。这源于幼儿的心理感知特点，他们一般靠直觉进行自我表达，作品往往呈现出变形甚至夸张的效果。师范生不要只关注幼儿画面形象“像不像”“对不对”，而要首先分析作品运用哪些形式要素表现了什么内容，再看作品用哪些表现手法反映出幼儿怎样的情意与能力。透过幼儿作品，感受与欣赏他们内心深处所散发出来的童真童趣，并且要真诚地向幼儿表达对他们的肯定与赞赏。

如图 4-2-7 的幼儿泥塑作品《小土堆伸懒腰》，这是一组多么富有童趣的作品呀！每块泥巴只是随意捏捏，并未做过多的雕琢，连小手指的捏痕都还清晰可见，但小土堆们已经各具情态、童趣十足了。它们随意趴在草地上，歪着头、举起胳膊（牙签）伸着大大的懒腰。孩子们看似不经意的捏制却呈现给我们一个天真单纯、无忧无虑的世界，让我们体会到了这份美好与惬意。

▲ 图 4-2-7　幼儿泥塑《小土堆伸懒腰》　玉田镇中心幼儿园供稿

（二）支持的目标——多元发展

《指南》提出了艺术领域包括两个面向，面向一是“感受与欣赏”，教育目标旨在“培养”，即喜欢自然界与生活中美的事物，喜欢欣赏多种多样的艺术形式和作品；面向二是“表现与创造”，教育目标旨在“习得”，即喜欢进行艺术活动并大胆表现，具有初步的艺术表现与创造能力。幼儿审美能力的培养与美术语言的习得对幼儿身心的健康成长至关重要，情感的表达、经验的获得、探索精神的形成、观察能力与创造能力的发展，以及良好习惯的养成，都能够在幼儿的美术实践操作中培养、习得与表现。

美术语言是幼儿早期表达的重要方式之一，幼儿“习得”的美术语言能够通过表现手法所传达的形式鲜明地展示出来。因此教师要提供能培养审美能力的艺术环境以及促进创造力发展的工具、材料等教育资源，让幼儿通过感受与欣赏、表现与创造，习得丰富的美术语言。可从如下七个方面具体实施。

1. 学会观察——抓住特征，养成习惯

教师要给幼儿提供他们熟悉的、感兴趣的、具有美感意味的事物，鼓励幼儿学会观察，抓住物象的特征，表达所见所感，深化内心体验。要引导幼儿养成善于观察的习惯，随时随地关注身边的事物，为语言表现与情感表达做好表象储备。

2. 注重写生——自然激趣，大胆表现

写生是幼儿获得物象特征、习得美术语言的最直接有效的手段。教师引导幼儿仔细观察，获取物象的基本特征，之后大胆落笔表现。值得注意的是，教师要提醒幼儿写生的线条要随着物象结构的起伏转折而变化，尽量画长线条，不要断断续续。如图 4-2-8 所示，经常性地组织幼儿进行写生活动，使幼儿养成关注身边的事物、随时随地仔细观察的习惯，对幼儿主动归纳美术语言会起很大的作用。

3. 主观装饰——提升美感，追求理想

装饰性是幼儿美术的又一突出特点。幼儿的装饰表现具有游戏性、随意性、象征性的特点，人物、动

① 王红娟. 如何欣赏和评价幼儿的绘画作品[J]. 美术教育研究，2015(13)：166-168.

物、植物、风景等题材都可以添加装饰，使之更具理想的美感形式。教师要注重幼儿的主观想象和感受，鼓励幼儿大胆添加各种点、线、面的图形，也可以添加具象符号。除此以外，还要有意地引导幼儿观察积累装饰纹样的素材，如欣赏大自然、日常生活、艺术作品中的花纹、图案和构成，提升幼儿的审美素养。更要注重培养幼儿的想象力和创造力，要充分利用素材，允许幼儿在此基础上有发挥、有创造，突出形象的美感特征及自身的美感追求。

▲ 图 4－2－8 幼儿户外写生 玉田镇东查屯幼儿园供稿

4. 丰富材料——探究应用，引发创意

《纲要》中要求教师要指导幼儿利用身边的物品或废旧材料制作，《指南》要求教师提供丰富的便于幼儿取放的材料、工具或物品，支持幼儿进行艺术活动，准备供幼儿随时取放的纸、笔等材料，也可利用沙地、树枝等自然材料，满足幼儿自由涂画的需要。美术材料是美术创作表现的物质基础，在教师的指导下，幼儿尝试探究各种材料的造型、材质、色彩、肌理等特性，激发幼儿的想象与创作，丰富幼儿的表现语言。如图 4－2－9 是教师带领幼儿用西蓝花拓印夕阳下的大树剪影，是把西蓝花从中间剖开，蘸上墨汁拓印的（自然物材料印拓技法与创作可参阅第一单元 P9～P12）。图 4－2－10 是教师协助幼儿用树叶和花瓣制作的书签，每个书签的构成都是幼儿自己挑选花瓣、树叶组合的，然后再用塑封机塑封，绚烂的秋天被永远封存起来，漂亮又实用。

▲ 图 4－2－9 晚霞 小捷 5岁

▲ 图 4－2－10 植物书签

5. 欣赏经典——大师之路，学习经验

通过欣赏古今中外的经典美术作品，提升幼儿的美感知觉，激发幼儿的创作热情。同时，通过教师与幼儿的互动交流，让幼儿适当地描述作品形式，表达自己对作品的感受，不仅可以丰富幼儿的美术语言，还能够促进幼儿口语表达能力的发展。艺术作品的欣赏具有渐进性与过程性的特点，教师选取的欣赏素材要容易引起幼儿的共鸣。一般来说，造型夸张、色彩强烈、充满动感与张力的作品更易于打动幼儿，幼儿也容易从中寻求表现语言方面的支持。

6. 走进场馆——参观体验，提升审美

各级各类的博物馆、美术馆，小型的画廊、美术工作室等，都是丰富幼儿审美经验、培养幼儿审美能力

的场所。幼儿园举办参观艺术场馆的家园活动，鼓励家长参与、共同带领幼儿欣赏各种艺术作品，参加场馆中各种形式的艺术创作活动，能培养幼儿对艺术的兴趣，使幼儿开阔眼界、提升审美能力、丰富艺术表现语言，也能提高教师与家长的艺术涵养，营造家园共育下幼儿审美素养的培育环境。

7. 展示作品——肯定评价，激励表现

幼儿园教室设置主题环境创设、个性展示墙、美工展示区以及专题作品展，展示幼儿的美术作品，鼓励幼儿彼此欣赏、交流、分享，互相借鉴。还可以利用一些软件或小程序做线上作品微展，让幼儿家长也参与欣赏。对幼儿来说，各方面的欣赏与激励会成为他们再一次创作表现的动力。

▲ 图 4－2－11 《神秘通道》 梓博 5 岁

（三）支持的准则——想象与创造

幼儿的想象与创造往往是在轻松自由的环境下产生的，并且与自身的经验积累相关，更是幼儿自身的情意与能力的外在表现。同时，幼儿的作品还具有独特的表现形式，或呈现与众不同的内容。如图 4－2－11 是梓博在两米高的涂鸦墙上画的巨幅画《神秘通道》。梓博平时非常喜欢墙面涂鸦，这能让他身心放松，大胆创作。他也喜欢探险，有长途旅行的经验。他的这些兴趣与生活经验，引发他的创意思维，设计出具有多点连通关卡的庞大通道。他也非常珍视自己的创作，在完成作品后，他悄悄地告诉老师“千万不要擦掉”，老师果真让这幅画保留了很长时间。老师用欣赏的态度保存了幼儿的自信、保护了幼儿的创新意识。

（四）支持的方式——自主表现

幼儿的自我意识推动着他们自主表现的意愿。幼儿的自主表现可以从作品的内容、形式、表现手法以及技能要素反映出来，从而显露出幼儿的情意与能力。我们要从发展的角度支持幼儿的自主表现，重视幼儿作品的个性化特征。如图 4－2－12 所示，画的是一列奔跑的火车，有火车头、车厢、铁轨、远山，以及火车飞奔带起的烟雾和气团，用色大胆热烈，有饱和的颜色，也有经过调和的比较灰暗的颜色，颇有印象派的味道。5 岁的梓睿完全不被物象外形牵制，造型简练夸张，表现张扬奔放。此例说明幼儿常常自主地把写实与意象结合起来表现，往往不具备写实的特征，但这恰恰使画面具有成人难以达到的意趣与美感。教师要满足幼儿自主表现的需求，欣赏并及时肯定、赞扬幼儿的表现，使幼儿获得自信和快乐。

▲ 图 4－2－12 《火车》 梓睿 5 岁

综上可见，幼儿的美术语言是在诸多条件下，通过幼儿自身的观察、感受、体验、探究，形成多元表现的情境，是幼儿内心关照与情感表达的直接需要，是童真、童趣的自然流露，其中倾注了他们自主意识的创新与创意表达。所以，师范生了解幼儿的美术语言表现形式，要在尊重幼儿的前提下了解幼儿、理解幼儿，才能解读幼儿作品，并适当地指导幼儿进行美术创作，达到促进幼儿身心健康成长的教育目标。因此，师范生要学会设计以观察、体验为基础的学习活动，引发幼儿的感受与想象，激励其大胆表现创意，引导幼儿学习运用美术语言，表达个人的认知、思维与情感，并增加幼儿在社会生活环境中感受美的机会。这样，才能培养幼儿的感受与欣赏、创造与表现的能力，进而逐渐涵养成美感素养。此外，探索、实验、运用多样的材料与自由挥洒的手段，能让他们生发出无尽的想象与创意；创作过程中与人分享、团结协作的人际互动，能促进幼儿的利社会性行为发展，培养与人沟通、倾听他人意见、乐于与他人合作的“软

视频

幼儿美术作品欣赏

能力”(soft skills)[①]。

单元小结

本单元的主旨是引导师范生考察、分析社会生活以及幼儿生活环境中的美术与美术现象，学会从社会生活中抽取具有美感意味的元素纳入自己的教育资源库，分析幼儿身边的美术元素对幼儿的影响与审美启迪作用。在此基础上走进幼儿园，分析、考察幼儿园内的美术和美术现象，解析幼儿园室内外的美术教育资源对幼儿的教育作用，学会从实用与美观并举的角度创设教育环境。在幼儿的美术活动中观察、分析幼儿的美术行为，学习设计、观察表单并做全面翔实的记录，进一步从内容与形式、表现语言与技能、情意与能力等方面对幼儿美术行为和作品进行解读，以了解幼儿的美感表现以及情感表达的心理。探讨、研究从哪些方面支持幼儿美术行为的策略和手段。前述都能够作为师范生步入学前教育生涯的基本储备。在学习中，师范生应结合幼儿美术作品及其创作实例进行学习、实践与探究，同时提升自己的审美感知能力，从关注身边事物开始，寻找美、发现美，为表现美打基础，为职业学习和从事学前教育工作做好准备。

思考与练习

1. 收集你生活中见过、经历过的美术和美术现象，进行分类列举，写一篇400字左右的文章阐述其造型、构成、色彩等美感要素的特征及意义、价值。
2. 收集你周边幼儿园中的美术和美术现象，写一篇400字左右的文章，分析它们的美感表现形式与价值。
3. 设计一个幼儿美术行为的观察、分析表单，并记录观察内容。
4. 论述可以从哪些方面对幼儿的美术行为给予支持，并阐述具体的支持策略，字数不限。
5. 尝试解读一件幼儿美术作品，并写出300字左右的解读文章。

① SCHULZ B. The importance of soft skills: Education beyond academic knowledge [J]. *Journal of Language and Communication*, 2008 (6): 147.

第五单元 当代造型艺术欣赏

学习目标

1. 了解中西方当代造型艺术的形式特点和内在观念。
2. 了解新兴艺术和传统艺术的差异，学会欣赏与解读新兴艺术作品。
3. 掌握当代艺术的特点和欣赏要点，并整合审美知识和审美经验，应用于幼儿园教育教学活动和环境创设。

内容结构

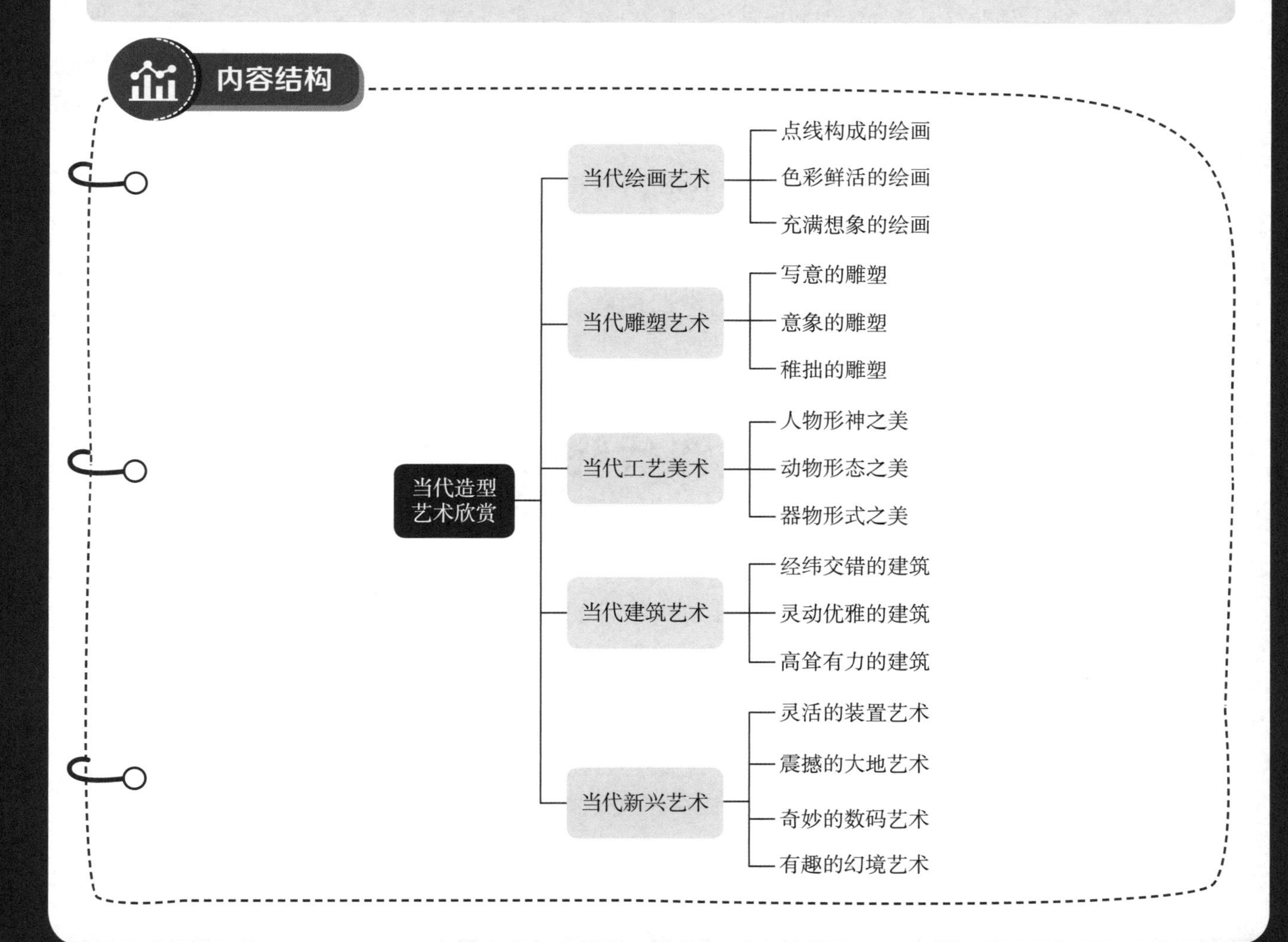

当代艺术起源于19世纪末的现代艺术，也被称为后现代艺术，在内涵上主要指具有现代精神和具备现代语言的艺术①。

（一）当代造型艺术的特点及欣赏要点

当代艺术具有开放、多元的审美价值和意趣，作品不仅体现“现代性”，还有艺术家基于当下社会生活认识和感悟的“当代性”，也体现出我们所处时代的艺术特点，因此能视之为“开放的艺术”。当代造型艺术作为当代艺术的分支，综合当代艺术的共性和个性，归纳起来，当代造型艺术作品有以下主要特点。

一是，创作材料、手段和造型样式是开放的、丰富多样的。一方面，艺术家会利用拼贴、喷洒、投影、堆砌、打印等方式，将生活中的文字、影像、废弃物甚至是人本身来进行艺术创作；另一方面，艺术家也会借助大众传媒、数码影像、声光电化等现代科技手段，并与不同学科、不同领域的专家、学者共同创作具有跨学科特点的艺术作品。意在借助材料性质、表现手段、艺术形式、展陈方式等，传达某种视觉信息或思想情感。或者说，艺术家致力于让面对作品的观者从中感受到什么、想到什么或认识到什么。这也是当代造型艺术的价值所在。

二是，作品的呈现方式是多维和多元的。有的当代造型艺术作品配有音响、灯光、气味或触动机关等，除视觉观赏外，还可以倾听、抚摸、触动，甚至品尝。不仅可以从多角度观赏，还会给观者带来多种感官体验。有些作品允许并鼓励观者参与到对艺术作品的解释或创作等互动过程中，创造了一个全方位的艺术感受氛围，不仅充分体现大众化、开放性，还具有参与性和互动性特点。

有关研究表明，幼儿美术活动特别是造型游戏具有形象、直观、生动，操作性和体验性强的特点。当代造型艺术的上述特点不仅与幼儿认识、探究世界的方式相吻合，更与幼儿造型游戏的特点相一致。因此，师范生对当代造型艺术的学习是十分必要的。

（二）与幼儿园生活的贴近之处

3～6岁的幼儿在进行美术活动时常与自己的情绪体验相联系，并结合动作、表情、语言和活动等方式参与其中，表现出较强的形象性、情感性、想象性和娱乐性的特点；幼儿的美术作品造型稚嫩夸张，色彩大胆鲜艳，视觉效果抽象生动，内容奇特有趣且充满想象力。以上这些特点与当代艺术家的创作方式、创作理念以及作品造型特色和风格相近。因此，以当代艺术作品作为幼儿园教育教学活动的审美对象，用来创设美感环境，能引起幼儿的兴趣和共鸣，培养其欣赏多种多样艺术形式和作品的能力。

第一节　当代绘画艺术

当代绘画艺术变革了古代和近现代传统艺术中的造型要素（形体、结构、透视、体积、空间等），不追求表现物象的真实，而是以平面化、装饰化、趣味化和抽象化为导向，创作出具有现代精神和具备现代语言的绘画作品。本节以点、线，色彩和内容等方面为欣赏要点，探析当代绘画艺术的形式美和意蕴美。

一、点线构成的绘画

点和线是构成绘画的基本要素，无论是具象绘画还是抽象绘画，都能寻找出点与线的踪迹，并对绘画的构成起到重要作用。在具象绘画中，点与线往往被具体的形象所掩盖，点、线成为构成画面形象的

① 范迪安.中国当代艺术亮相巴黎[J].中外文化交流，2003(4)：23-26.

"砖石"。而在抽象绘画中，点与线则成为画面的主角，影响着画面的视觉张力，也体现着艺术家的艺术观念。虽然中西方艺术家在艺术创作时所依托的文化观念有差别，但在点和线的运用上具有共同特点。

中国艺术家吴冠中的绘画作品，常以单纯质朴的色彩，明确有力的块面，鲜活灵动的点、线，将物象概括成简洁而有趣味的艺术形象，并创作出具有中国传统绘画趣味和现代形式美感的绘画作品。他的作品——《太湖鹅群》以淡雅朴素的色调、婉转跳跃的笔触，表现了鹅群在湖面自由嬉戏的热闹景象。画家以停泊在水中的小船为界，着重刻画了近景的鹅群，鹅群以白色和红色组成不同大小、形状的块面，点出鹅的身体和头部，并通过鹅群的疏密关系构成了前景错落有致、旋转翻飞的灵动氛围。水面则以不同冷暖的灰色铺成，运用洒脱跳跃的笔触表现出鹅群拍打湖面溅起水花的情景，凸显出清新亮洁的鹅群的活泼动势。中景小船顶部的架子与从船上延伸至前景的围栏构成了相互穿插又富有节奏的线条，同时也区别了近景与远景的关系。远景则是平静的水面和氤氲的远山，几艘小帆点缀于水天一色间，与鹅群点点相应，构成一幅动静结合且富有东方意味的油画作品。

美国抽象表现主义的代表性艺术家杰克逊·波洛克(Jackson Pollock)，是擅长用点和线创作绘画作品的大师，其作品往往以一种即兴、自然的状态呈现，表现艺术家的内心感受，给人一种自由洒脱的视觉印象。其作品《薰衣草之雾:第一号》(图5-1-1)是以点和线构成的作品。波洛克作画的方式颇为独特，常常将稀释的颜料直接滴洒于平铺在地面的画布之上，被称为"甩点子的杰克"[①]。有时会直接走入画布中创作，有些作品还遗留着艺术家行走于画布而印下的脚印，这些脚印也成为作品的一部分。作画的过程即兴而自由，笔刷上蘸取的颜料随着艺术家的移动滴洒在画布上，大大小小、不同形状、不同颜色的点，以及笔刷随艺术家的移动所拖洒形成的线，构成了一幅没有具体形象，极具抽象和装饰意味的即兴作品。整幅画的色彩以灰色调为主，柔和朦胧，不同大小、形状及颜色的点与线交织于朦胧的二维空间之中，汇成一幅点线合集的抽象艺术作品。

▲ 图5-1-1　《薰衣草之雾:第一号》　[美国]杰克逊·波洛克

吴冠中的绘画作品《太湖鹅群》与杰克逊·波洛克的绘画作品《薰衣草之雾:第一号》，虽然在绘画表达的趣味和意象上有所区别，但是在作品的艺术形式上有相似性，即都是用点和线构成不同风格的绘画艺术作品。即便在艺术创作上两位艺术家有相似之处，但东西方不同的文化和艺术思想造就了东西方艺术家不同的创作风格和内涵，开拓了形式美所蕴藏的无限可能。吴冠中以点、线、面的穿插运用与精心布局构成了画面的形式美感，洋溢着生命的活力，具有东方化的审美趣味。波洛克则以浓稠厚重的色彩，以点和线的形式滴洒出即兴、活跃，且具有西方化自由气息的绘画作品。

二、色彩鲜活的绘画

色彩是视觉艺术中的重要组成部分，也是中西方绘画的重要构成要素，具有重要的作用和意义。色彩不仅能增加绘画的丰富性和表现性，也能赋予绘画更深层次的精神性和象征性。下面可以从中西方两位当代重要的艺术家的作品中，感受色彩在不同绘画中的视觉效果。

中国艺术家王克举的作品《春意盎然大别山》，是一幅以浑厚鲜润的色彩、自由写意的韵味和东方情境的诗意为特色的作品。王克举在进行艺术创作时所采用的是西方传统的绘画媒介——油画，但作为生

---

① 邵亦杨. 全球视野下的当代艺术[M]. 北京：北京大学出版社，2019：69.

长于中国大地并汲取中国传统文化养分的艺术家，他的作品中又渗透着中国传统文化的元素。在《春意盎然大别山》中，就体现着中国艺术家对于艺术创作的独到见解。画面中物象的造型呈现出一种稚拙感，不管是树木、房屋还是大山，造型均率意简洁，没有特别严谨的客观形象，具有中国传统绘画“似与不似”的美学意味。相较于造型，色彩更显出色，像是随意挥洒而出，黄红色的土地、绿色草木和点缀着白色紫色花朵的果树，绘就了一片诗意天地。整幅画面呈现出春天的姿态，弥漫着春天里泥土、树木和果、花的味道，清新惬意、春意盎然。

小路、红房、绿树，它们亮丽、生动、充满诗意，散发着美好的光彩。这是艺术家大卫·霍克尼(David Hockney)的作品《通往斯莱德莫尔的大路》留给我们的第一印象。大卫·霍克尼是英国当代艺术家，他的绘画作品构图巧妙、造型简洁、色彩丰富、赏心悦目。作品中一条弯曲的柏油路伸向画面远方，路两边是带有尖顶、或高或低、错落有致的红房子，红房子之间生长出郁郁葱葱的树木。这些物象在造型上都非常简洁，没有严格的透视和严谨的比例，也不追求空间感，一切都以直观而又略显稚拙的造型手段，塑造出贴近童心的形象。色彩直接用不调和或很少调和的纯色涂于形象之上，纯净而强烈，散发着天真烂漫的童真气息，明媚、热烈的夏天气味扑面而来。

王克举和大卫·霍克尼都是以油画为主要创作媒介的艺术家，也是善于用色彩表现物象的艺术家。从两位艺术家的作品中，就能看出他们对于绘画材料和题材的熟练掌控和诗意呈现。但两位艺术家的文化背景不同，在艺术作品中所表达出的艺术风格和意蕴也不同。中国艺术家王克举受中国传统文化和艺术的滋养，作品具有中国传统美学中的写意性特点，物象形体介于“像与不像”之间，色彩清新淡雅、浓淡相宜，与中国传统的写意画紧密联系。英国艺术家大卫·霍克尼在西方文化和艺术的熏陶下，作品呈现出平面化、装饰化和趣味化的艺术风格，作品造型简洁、稚拙，色彩大胆、热烈，与西方绘画的用色特点保持一致。

三、充满想象的绘画

飞翔，对于人类来讲是从古到今都梦想的事，从敦煌壁画中的飞天到西方油画中的天使，从庄周梦蝶到达芬奇设计的飞行器，都对飞保持着强烈的想象和渴望。在艺术领域，艺术家也用富有想象力的创作，抒发着艺术家对于飞的见解。

中国艺术家段正渠常以黄河和黄土高原作为艺术创作的主要源泉，作品风格质朴、笔触粗犷、色彩厚重，表达着艺术家对于黄河及黄土高原上的人、景及事的个人思考和情感。他的代表作品《黄河传说》表现的是关于黄河流域的人和事，也体现了对飞的想象性的艺术见解。作品中心表现了一个飞腾于空中的人和鱼在奔腾的黄河水上共同舞动的情景。画中人物双手紧抱大鱼头部，大鱼腾跃而起，与人物共同构成优美而又紧张激烈的场景。背景主要是黑色和白色构成的黄河水面，水面的运笔快速而洒脱，表现出黄河水汹涌奔腾的特点。作品造型简洁稚拙，人物的形象有儿童绘画的特点；色彩主要由红色、黄色和大量的黑色与白色构成，形成朴拙厚重的色彩效果；笔触奔放自由，拙而有力，甚是精彩。整幅画面营造出一种既有视觉张力又充满想象的视觉效果。

意大利艺术家桑德罗·基亚(Sandro Chia)常以神话和梦境等作为艺术创作的主要表现主题，作品中的形象奇特、色彩奔放，充满活力，有童话般的想象力。其作品《蓝色洞穴》也是一幅表现飞的作品，画面中首先呈现出来的是蓝色和黑色构成的似洞穴一般的景象，一束白光从洞穴前方穿透而出，似静似动、明晃晃地向画面外蔓延开来。一黑衣男子从画面左上角飞腾而下，身体被金黄色的光包裹着，带着马克·夏加尔(Marc Chagall)[①]式的飞的形象和姿态。整幅画面用动静结合的形象和冷暖对比的色彩，营造了一种深邃、悠然而又神秘的氛围。同时，也表现了一种具有奇幻想象力和童话般的关于“飞”的艺术见解。

段正渠的《黄河传说》和桑德罗·基亚的《蓝色洞穴》都是人景结合，具有想象力和奇幻性的绘画作品。人物腾跃在空中，背景幽然神秘，传达出叙事性的画面，使作品自身诉说着隐秘的故事。在造型上两

① 白俄罗斯裔法国艺术家，他的画运用梦幻、象征性的手法与色彩，以奇特的意象且色彩亮丽的绘画风格闻名，代表作品《生日》。

位画家具有一定的相似性，但在色彩上就体现出中西方艺术家的差异化特点。段正渠的作品色彩内敛柔和，但丰富厚重。桑德罗·基亚表现出的色彩大胆强烈而又单纯肃静。

第二节 当代雕塑艺术

总体而言，古代与近现代的雕塑艺术普遍以追求真实的写实性雕塑为主。无论是秦始皇的千军万马，立于中国大地的石狮神兽，还是古希腊的男神女神，古罗马的皇帝贵族等，都以逼真的视觉形象作为雕塑作品的基本特征。然而当代雕塑同当代绘画一样，追求更加写意、个性和更具观念化的形式特点。以下主要以中西方不同题材和风格的雕塑作品，来探析作品所呈现的形式美和内涵。

一、写意的雕塑

古今中外，关于英雄的故事传说灿若繁星，也是人们乐于传颂的叙事题材，在艺术上尤其如此。从绘画雕塑到小说戏剧，再到电影电视，都对英雄题材的表现充满热情。

鲁迅，不仅是中国现代文学家和思想家，也是投身中国革命事业的民主战士，更是激励中华民族勇于奋斗的民族英雄。鲁迅的骨头是刚硬的，他没有丝毫的奴颜和媚骨。中国当代著名雕塑家吴为山以他手中的雕刻刀“丹心铸魂”①，表达了对鲁迅的个人理解和崇敬之情。吴为山的雕塑作品《民族魂——鲁迅》，造型硬朗结实，雕刻方式大刀阔斧、畅快淋漓。以大体块塑造作品的形体，小块面进行局部塑造，不拘细节、浑然天成，追求作品的整体气魄和精神内涵。在塑造的手段上，有中国传统山水画中的“斧劈皴”的风格特点，也使得作品具有明显的写意性。再加以坚硬的青铜材质，突出了鲁迅的“神”与“魂”，体现了鲁迅的不屈风骨。

海格力斯也称赫拉克勒斯，是古希腊神话中的大力神，扬善惩恶、神勇无比、力大无穷。从德国新表现主义艺术家马库斯·吕佩尔茨(Markus Lüpertz)的作品《大力神海格力斯》中，就可以看出艺术家对大力神的个性化表现。作品造型介于具象与抽象之间，朴拙厚重，简洁夸张。人物头部的塑造整体、结实，一气呵成。五官造型简洁概括，眼睛坚定犀利，鼻子坚挺硬朗，嘴巴坚毅厚实，浓密的胡须映衬了大力神的外形特点，呈现了大力神的勇武性格。在颜色的运用上，具有亨利·马蒂斯(Henri Matisse)②绘画中的色彩特点，额头和肩膀是淡黄色，脸颊和嘴巴上是红色和绿色，头发、眉毛和大片的胡须是鲜艳的蓝色。颜色主要用块面的形式直接涂抹，色彩鲜艳、对比强烈，形成一种彪悍而不粗俗的视觉效果。作品显示出一种原始的活力，充满力量，生动地表现了大力神的性格特点。

吴为山和马库斯·吕佩尔茨的作品都塑造了中西方的“英雄”形象，也通过各自独特的艺术表现形式体现出了中西方“英雄”从外至内的性格特点。吴为山用大刀阔斧的雕刻方式，并结合中国写意绘画的艺术特点表现出鲁迅刚正不阿的性格特征。吕佩尔茨用简洁夸张的雕刻手段和对比强烈的色彩，塑造出大力神海格力斯勇武彪悍的人物形象。

二、意象的雕塑

中西方的视觉艺术，从来都有着文化思想和形式语言上的不同，也有着各自独特的精神内涵。中国的艺术内敛含蓄，以物比人、天人合一、重哲理。西方的艺术强调人的价值，以人为万物尺度、重科学。不同的文化和美学观念使中西方的艺术成为世界艺术的两座高峰，令全世界仰望赞叹。

梅、兰、竹、菊是中国传统文化和艺术中最常引用的题材，具有独特的隐喻性和象征性，用来表现人的

---

① 吴为山.双手缔造灵魂 丹心弘扬艺术[EB/OL].(2019-06-27)[2024-10-17].http://art.ifeng.com/2019/0627/3482816.shtml.

② 法国艺术家，不仅是野兽派画家领袖，也是现代主义美术最伟大的代表画家之一。作品以概括的造型、粗黑的轮廓线、对比强烈的平涂纯色，构成平面化、装饰化，并带有些许儿童化风格的艺术作品，代表作品《餐桌》。

风韵和精神。在中国当代艺术家中，中国美术学院前院长许江则选择另一种寻常之物，不厌其烦地将其表现在自己的艺术之中，这常见之物，便是葵。葵是许江在艺术创作中经常表现的题材，他用不同的材料对葵进行艺术表现，通过葵抒怀、言志、畅神，赋予了葵深刻的内涵，有着哲学的思考和诗意的表达。[①] 作品《共生会否可能之一 13》是许江的系列作品之一，作品中的葵千姿百态，各有神韵。每个葵都不相同，有高有低，有曲有直，形态不一。相同的是所表现的是秋后的枯葵，葵的枝干细劲有力，葵盘有的似昂首挺胸，有的似低头冥思，具有拟人化的特点，暗合了中国传统文化以物言志、以物抒怀的传统，因此也就具有了象征性。他的葵就像平凡的中国人，在艰苦的环境中坚韧不屈，昂首挺立。

在表现形式及作品的风格特点上，许江的葵与瑞士雕塑家阿尔贝托·贾科梅蒂（Alberto Giacometti）的雕塑作品有着相似之处，区别在于许江以葵作为象征之物，以物抒怀。贾科梅蒂则以人作为艺术表现的对象，表达艺术家对人的思考和关怀。只是贾科梅蒂艺术作品中的人，与我们寻常见到的根本不同。其作品《行走的人》（图 5-2-1），一消瘦细长之人身体前倾，阔步行走。人物瘦骨嶙峋，好像被周围的空间所挤压，给人一种孤独和脆弱的感觉[②]。作品表面粗糙不平，留下了艺术家创作时的痕迹，并且体态超越了正常人的形体特征，像是被拉长的人的影子。作品介于具象与抽象之间，具有写意性的视觉效果。人物塑造得凝练而稳定，虽然人物消瘦，但稳稳地行走在大地上，却又像是丢掉了灵魂，似一具行尸走肉，产生一种疏离、孤立，迷失于浩瀚世界的感觉[③]。

▲ 图 5-2-1 《行走的人》
［瑞士］阿尔贝托·贾科梅蒂

许江和阿尔贝托·贾科梅蒂的雕塑作品，虽然表现的题材不同。但都是以独特的视角和形式语言对物和人进行艺术表现，所表现的对象细劲、消瘦，具有写意性的特点，也蕴含了艺术家的个人情感和人文关怀。许江虽然以葵作为艺术表现的对象，但他的葵暗含着对中国人的民族精神的体现。贾科梅蒂以西方文化中人为万物尺度的思想对人进行艺术表现，但他表现的人物像是被抽去了灵魂的干枯皮囊，体现出贾科梅蒂对他所处时代甚至是我们这个时代人的状态的一种真实反映。

三、稚拙的雕塑

天真与童心是儿童的天性，也是很多人成年后潜存于内心的小小世界。这个世界潜藏于艺术家内心之中，有的艺术家将其深深埋藏，不露声色；有的艺术家将其吐露而出，凝结于艺术创作中，将充满天真与童心的艺术作品分享给世界。

萌，是当代青少年最常用的词汇之一，用来形容天真可爱之态。中国艺术家忻洛汀的艺术作品就具有萌的特质。忻洛汀的作品总以小女孩作为表现的题材，不管是绘画还是雕塑，她作品中的小女孩总是带有童真的形象特点，凝结出具有童年幻境的艺术作品。其作品《没想法》依旧是小女孩的形象，黑色的蘑菇头，头发紧紧地贴在圆圆的脑袋上，头发之下是半遮半露的眼睛。粉嫩的脸庞上镶嵌着圆圆的鼻子和夸张的嘴巴。穿着黑白相间衣服的身体略显肥胖，带有“婴儿肥”的特点。双臂下垂，小手紧握。肥嫩的双腿一前一后，稳稳地站在底座上。整个作品色彩简洁，头发和衣服上的深色遥相呼应，身体上的色彩柔美微妙，体现出了小孩子粉嫩的身体特点。微微扬起的脸庞和紧握的双手，体现了小女孩内敛含蓄而又坚强自信的性格特质。

“给我一个圆点，我可以感动整个世界。”这句话用在日本当代艺术家草间弥生（Yayoi Kusama）身上一点也不为过。草间弥生是最喜欢用圆点创作的艺术家，在她的艺术创作中，点无处不在。草间弥生常把

① 许江. 十二年铸“东方葵”史诗[EB/OL]. (2015-12-03)[2024-10-17]. http://art.ifeng.com/2015/1203/2631004.shtml.
② [美]弗雷德·S. 克雷纳，克里斯汀·J. 马米亚. 加德纳艺术通史[M]. 李建群，王燕飞，高高等译. 长沙：湖南美术出版社，2013：826.
③ 同上。

她的圆点神奇地洒在植物和动物身上。花朵是她经常表现的对象，她作品中的花往往夸张变形，但又保留着鲜明特点，并且她会把花朵面向一个固定的方向，像向日葵一样。花的颜色纯度极高，对比强烈而张扬。作品《明日绽放之花》（图 5－2－2）是草间弥生“花”系列作品之一。整个花朵布满大小不同的圆点，花朵使劲张开，花正面是白色，花蕊处是红色的突起包围着蓝绿色的花心，像一只眼睛。花茎为黄绿色并交织了黑色的线条，从地上弯曲而立，支撑着花朵。蓝绿相间的叶片匍匐在地上，布满深绿色和黄色的圆点，叶片就像八爪鱼的触手，肥厚有力。整个花朵鲜艳可爱，饶有趣味。

忻洛汀的作品以人物为题材，所表现的小女孩体态圆肥、憨厚可爱，面带微笑的表情略显羞涩的同时也体现出小女孩坚定自信的一面，惹人喜爱。草间弥生的作品以花卉为题材，花卉的造型夸张并呈现出旺盛的生命力，色彩搭配大胆，对比强烈，增加了花卉的视觉张力。两人的作品都具有天真烂漫的视觉特点，并以不同题材表现出了生命的活力。

▲ 图 5－2－2 《明日绽放之花》
［日本］草间弥生

第三节　当代工艺美术

工艺美术与人们的日常生活紧密相关，反映着一定时代、社会的物质和文化生产水平，体现一个时代的审美趣味。伴随现代社会生活和大众审美的变化与提升，工艺美术在当代呈现出与经济社会、文化发展相适应的特点，并且致力于材质、装饰和功能上的探索与创新。同时也出现了弱化作品的实用功能、强调审美趣味和视觉感受的趋向。本节依工艺美术品的题材、造型、材质、装饰和功能等要素展开叙述，以感受和体验不同艺术家及其作品的思想内涵和形式美。

一、人物形神之美

玉是中国一种独特的文化载体，它经历了中国整个历史时期，形成了中国人传统的用玉观念——以玉比德。所以君子爱玉、赏玉、玩玉，希望在玉身上寻到美好之品德和天然之灵气。

中国艺术家王少军的玉雕作品，蕴含了艺术家对玉的喜爱和理解。作品《松下吟》就很好地体现了王少军的艺术风格。作品造型简朴，主要由站立的人和身旁的松树构成。人物形象简洁，饱满丰盈，细节刻画主要集中于头部，扬起的头部五官雕刻精细，表情平静自然，仰首看向松树，具有中国文人的形象和精神气质。松树进行了适当压缩，并不高大，有力的树干撑起顶端茂密的树叶，树叶的刻画概括成圆盘形，并用简括的形式雕刻出松树的针叶。作品完美地呈现出玉的材质特点和所蕴藏的精神内涵，带有儒雅和些许幽默感，给人一种心灵上的平静和精神上的满足。

日本艺术家平田乡阳常常将人物作为自己工艺美术创作的主要题材和内容。他擅长精美的衣裳人形的制作，人物造型优美，设色典雅，将传统的人形制作工艺提高到一个崭新的阶段[①]。代表作《长闲》是以树脂作为主要材料，表现了一位年轻女子的形象。女子跪坐在地上，身穿长袍服饰，服饰上条纹状的肌理和简洁的色彩恰到好处地表现出了长袍的质感。左手自然垂放在腿上，右手手握石榴抬至胸前。头部凝神看向左侧，脸部饱满，头发浓密，五官刻画精细而又自然。女子头部和腿部的朝向一左一右，手部的动势一上一下，不仅使人体的形态均衡稳定，而且避免了人物形象僵化的可能，使人物的形体具有动势与活力。

① 张夫也. 外国工艺美术史（第二版）［M］. 北京：高等教育出版社，2015：411.

女子身上的敷色并不多，但朴素和谐，典雅大方，与人物的整体形象和谐一致，体现出了女子优美典雅的形象和气质。

王少军和平田乡阳的作品均以人物作为艺术作品的表现对象，但两人基于各自民族不同的文化背景，在作品的材质、形象和精神内涵上体现出不同的形式美和内在美。王少军的作品人景交融，造型写意，对玉的材质特点和文化内涵有着精到的把握，也体现了中国文人对温润之玉的喜爱，对君子形象和精神的崇敬以及对人与自然关系的态度。平田乡阳的作品具有明显的日本风格特点，以树脂为材质巧妙地塑造出人物肌肤和服饰的肌理特点，人物造型凝练优美，色彩搭配单纯朴素，衬托出温柔质朴的女子形象。

二、动物形态之美

中国工艺美术家刘红宝不仅擅长金银镶嵌制作技艺，还熟谙东西方设计理念，他的珠宝作品看上去既有古典端庄的中国情韵，又带有新奇独特的时尚元素。作品《鱼跃》就是一件既有古典端庄的中国情韵，又带有新奇独特的时尚元素的金属镶嵌工艺摆件作品。作品材料考究，采用金、银、贝母、珍珠、红宝石、钻石为材质，彰显了作品华丽时尚的特点。整个作品由三部分组成，底层是一个朴素稳重的底座；底座上竖起一个长方形的柱台，其上五光十色的圆形螺钿贝壳形成水底世界的意象，贝壳之上又有形似水草的珠宝点缀其中。柱台上镶嵌的贝壳和珠宝都层层向上涌起，呈逐渐上升之势，承起上层的精彩部分；柱台之上置立着由金银制作的“浪花”和两条不同形态的鱼，鱼身上也镶嵌着各色的宝石。相比底座和柱台，上层的“浪花”和鱼活泼而具有动感，鱼的表现具有跃起腾飞之感。作品用材精美考究，造型新颖独特，工艺精致细腻，既刚正又圆润，既端庄又活跃，既有东方的典雅婉约又有西方的硬朗简约。体现出中西结合、守正创新的创作理念①。

木材是日常生活中常见的一种材料，我们平时所使用的家居大部分由木材制作。木材除了制作家具外，也可以用来制作工艺美术品，挪威艺术家莉维·布拉娃芙(Liv Blåvarp)就善于用木材创作出工艺精湛的项链和富于美感的饰物②。他创作的鸟形木制项链就是用雕饰精美的木材制作而成。项链呈圆形，由鸟的形象构成。弯曲的鸟身呈现出优美的弧线，头部制作细致，与尾部衔接在一起，形成一个闭合的圆形，符合人体脖颈的形体特点。尾部由竹叶形的木片有序构成，木片长短不一，从鸟头至鸟尾长度逐渐缩短。项链主要由三种颜色构成，鸟身和鸟尾是相互交融的黄色和暗红色，展现出了木材的材质特点。鸟喙处是白色，丰富了项链的色彩关系，使项链更为醒目。项链的形态和色彩充满活力，木材的处理细致入微，光滑温和，保持了木材的纹理和色彩，有种让人想要触摸的冲动。

刘红宝的《鱼跃》和莉维·布拉娃芙的鸟形木制项链都是将动物的形象融入工艺美术作品之中。刘红宝的作品是一件金银摆件，主要以金银搭配各色宝石制成，各种材料完美组合，并融合中西方不同美学理念，使整个作品呈现出传统而又时尚的视觉效果。布拉娃芙的作品以木材作为整个工艺美术品的主要材质，制作成完美的圆弧状的鸟形，符合人体脖颈的形体特点，色彩也很好地体现了木材的特性，暗红和黄色相间的暖色调也表现出木材特有的温度，使作品具有良好的亲肤性。

三、器物形式之美

当一种艺术的名字与一个国家的名字叠合在一起的时候，就意味着它具有悠久的历史，并成为文明进程代表性的标志，中国的陶瓷就是这样一种艺术③。中国当代陶瓷艺术家白明，在醉心于中国陶瓷艺术传统的基础上，不断探索新的方向，将陶瓷艺术作为文化表达的语言，建构起当代陶瓷艺术的新世界。他的作品《生生不息》是一件青花瓷作品，作品造型呈规则的圆形，圆浑饱满，庄重大度，如一个可容纳万物的容器。在瓷器之上，密布着青色的藤蔓，环绕着器身蔓延开来，生生相连、连绵不绝、无始无终，与浑圆的器身构成了一个完满自足的世界，充满生生不息的生命力的联想。青色的藤蔓又如同中国水墨画中细

---

① 王鼐. 艺通中西，宝耀华夏——记中国工艺美术大师刘红宝先生[J]. 中国宝玉石，2020(2)：98－103.

② 张夫也. 外国工艺美术史[M]. 北京：高等教育出版社，2015：388.

③ 范迪安. 白明：双重超越[J]. 收藏与投资，2019(7)：18－21.

劲有力的线条，使瓷器拥有了中国传统写意绘画的意境，同时也构成了装饰性的纹样，形成了富有生机、充满动感而有序的组合，有着高度的和谐之美和整体视觉的美感，呈现出生动活泼、自由洒脱的艺术特点。整件瓷瓶具有浓郁的东方人文气质，使传统的青花瓷获得脱胎换骨之美的升华，流露出一种富于生机的宁静和优雅之美。

在工艺美术的创作中，玻璃是一种经常被采用的材料。虽然玻璃易碎，但其晶莹剔透的材质特点，一直吸引着工艺美术家用玻璃制作工艺美术品。美国艺术家麦克・格兰西（Michael Glancy）是善于用玻璃制作工艺美术品的代表性艺术家。格兰西的工艺美术品通常以装饰性较强的花瓶等器物为主，有奇特的形式和装饰效果，同时又具有较好的实用功能。作品《玻璃花器》主要由玻璃制成。瓶身由内外两层构成，呈变形扭曲的形态。外层是一层金黄色密集镂空的玻璃，并在玻璃上镀金、镀铜，使原本晶莹透亮的玻璃更加耀眼夺目。里层是一层红紫色的内胆，内胆口部像水的涟漪，柔软优美。虽然花瓶的颜色不多，但内胆的红紫色与外层的金黄色构成了强烈的色彩对比关系，凸显了作品的视觉美感，引人注目[①]。

陶瓷和玻璃是特性相近的两种材质，是中西方最具特色的创造发明，亦是中西方工艺美术家常用来创作艺术作品的材料。中国的陶瓷艺术通常以容器为主，而白明所创作的陶瓷作品独具新意，将中国古典的传统气质与现代审美巧妙结合，充满东方人文气质与诗意，并带有时代精神。麦克・格兰西的作品用玻璃材质和工艺创作而成，精巧的设计使易碎的玻璃拥有了弹性，作品以金黄的镂空外壳包裹着似水一样的内胆，看似柔美，但质地坚硬，具有独特的形式美。

第四节　当代建筑艺术

建筑是兼具科学与技术、实用与审美的综合艺术。经典的或被称为建筑艺术的，通常是那些气势宏大且具有较高艺术价值的建筑，包括国内外的宫殿、庙宇和纪念碑等。在今天，我们身边的一些体育馆、博物馆、美术馆等也可称为建筑艺术。以下我们通过具体的、有代表性的建筑艺术，来探析建筑艺术所呈现出的独特美感。

一、经纬交错的建筑

2008 年的北京奥运会对于每一个中国人来说，都值得骄傲。北京奥运会不仅圆了中国的百年奥运之梦，也提升了中国的国际声誉，强化了民族认同感和凝聚力，使中国更加自信，更加开放，更加进步。北京奥运会的主场馆——国家体育场（图 5－4－1），设计巧妙、造型独特，形似鸟窝，也被称为“鸟巢”。国家体育场由雅克・赫尔佐格和德梅隆建筑事务所设计并于 2008 年建造完成。整个体育场由无数巨大的钢材质结构建造而成，这些钢结构被塑造成曲直不同的线条，像是巨型的“树枝”相互穿插、纵横交错，以看似无序的穿插有机地构成“鸟巢”的外部结构，就像用细枝搭建的鸟窝，完全掩盖了体育场内部规整的布局[②]。建造出一个巨大而又结实的温馨之所。国家体育场在建设中采用了先进的节能设计和环保措施，“鸟巢”内使用的光源都是各类高效节能型环保光源。在人行道、广场等室外照明中也尽可能地采用太阳能发电照明系统。在“鸟巢”中足球场地的下面是 312 口地源热泵系统井。它通过地埋换热管，冬季吸收土壤中蕴含的热量为“鸟巢”供热；夏季吸收土壤中存贮的冷量向“鸟巢”供冷，能节省不少电力资源。在“鸟巢”的顶部装有专门的雨水回收系统，被收集起来的雨水最终变成了可以用来绿化、冲厕、消防甚至是冲洗跑道的回收水。诸多先进的绿色环保举措使国家体育场成了名副其实的大型“绿色建筑”[③]。

---

① 张夫也. 外国工艺美术史[M]. 北京：高等教育出版社，2015：401.

② [意]保罗・法沃勒. 当代建筑[M]. 周晟，吴江华，译. 北京：北京美术摄影出版社，2019：156.

③ 国家体育场・鸟巢[EB/OL]. [2021－06－03][2024－10－17]. https://www.n-s.cn/shownews.jsp?Type=11.

▲ 图 5-4-1 国家体育场 [瑞士]雅克·赫尔佐格和德梅隆建筑事务所

位于法国巴黎的蓬皮杜国家艺术文化中心(图 5-4-2),由建筑师理查德·罗杰斯(Richard Rogers)和伦佐·皮亚诺(Renzo Piano)共同设计并于 1977 年建造完成。蓬皮杜国家艺术文化中心看起来就像一个工厂,内部的构造完全暴露在外面,目光所及的是粗细不同的钢材和管道,通往各层的管道状楼体被悬置于金属框架之上。通常建筑的外墙面在外,建筑所需的辅助技术设备都被隐藏在建筑内部。但蓬皮杜国家艺术文化中心恰好相反,实体建筑被隐藏在金属结构之内,整个建筑的技术设备被置于建筑外部。并且,建筑师根据功能对管道、电线管、管状物和走廊进行了色彩编码(红色代表人的运动,绿色代表水,蓝色代表空调系统,黄色代表电),将这里变成了一座精密而复杂的高级工厂①。纵横交错的金属结构凸显了建筑的工业化特点和刚健的气势,同时,灵活的内部空间和色彩斑斓的结构部件为穿行于大楼的人群提供了一个活泼自由的参观环境。

▲ 图 5-4-2 蓬皮杜国家艺术文化中心 [英国]理查德·罗杰斯、[意大利]伦佐·皮亚诺

① [美]弗雷德·S·克雷纳,克里斯汀·J·马米亚.加德纳艺术通史[M].李建群,等译.长沙:湖南美术出版社,2012:858.

北京国家体育场和法国蓬皮杜国家艺术文化中心都是以纵横交错的线性结构建造而成。数量繁多的线性钢材相互穿插构成了两座建筑既有共性又有特色的建筑形式。北京国家体育场像一个用钢材“编织”的鸟巢，作为2008年北京奥运会的主场馆，蕴含着五湖四海的运动员“万鸟归巢”、共赴盛会的美好愿望。蓬皮杜国家艺术文化中心则是由粗细不同的钢材和不同功能的管道搭建而成，建筑形式独特而繁杂，像一座精密的工厂，具有工业化时代的特点，为现代人提供了别样的参观场所和视觉感受。

二、灵动优雅的建筑

黄河是中华民族的母亲河，也是中华文明的发源地，孕育了古老的中华文明，成就了辉煌灿烂的文化和艺术。在黄河上游的岸边，矗立着一座通体洁白，具有独特文化和艺术气息的建筑物——银川当代美术馆（图5-4-3）。银川当代美术馆位于宁夏银川市，坐落在黄河之滨、水草丰美的湿地上，于2011年7月由WAA（未觉建筑）国际建筑设计团队设计，灵感来自千年来黄河丰富的地质变化所形成的岩石褶皱肌理。美术馆的设计与黄河有着紧密的联系，外立面模仿黄河河床岩石层的肌理而精心设计，由层层叠叠、呈优美曲线的洁白饰板装饰而成，犹如被黄河水冲刷过的蜿蜒河岸。并且随着时间的“冲刷”，美术馆洁白的立面也会逐渐被风化，带着年份沉淀的着色，呈现出被风雨侵蚀的痕迹以及时间在建筑物景观中沉淀变迁的烙印，也拥有了属于它的流向轨道和无限生机。白色的立面与深色的玻璃窗融洽和谐，衬托出了美术馆的优美姿态。同时，美术馆与周围的自然环境相得益彰，洁白轻灵的美术馆镶嵌在大片的绿色植被之中，宛如葱葱郁郁的湿地中轻灵挥舞的洁白飘带。

▲ 图5-4-3 银川当代美术馆 WAA建筑事务所

在澳大利亚悉尼的一处海岸边上，“漂浮”着一座独特的建筑——悉尼歌剧院（图5-4-4）。悉尼歌剧院是由建筑师约恩·伍重（Joern Utzon）于1957年设计，直到1973年才最终建造完成。建筑物位于海边的一个巨大平台上，其上置立着白色的建筑“外壳”，数片饱满的“外壳”层层叠加，形成的优雅弧线一直延伸至顶端的尖角。乍看之下，这些“外壳”又像白色的贝壳，而且还能让人想起欧洲中世纪哥特式教堂尖拱、舒展的海鸟翅膀和轻快的船帆。这些由混凝土与石料制成的船帆在风中扬起，迎向海湾的一处岬角①，而在18、19世纪，正是这种船将欧洲殖民者带到了澳大利亚②。悉尼歌剧院灵动优雅，海面平静时形成的建筑倒影美轮美奂，同时又具有强烈的隐喻性，这些都成就了悉尼歌剧院独一无二、举世闻名的经典建筑形象。

---

① [意]保罗·法沃勒.当代建筑[M].周晟，吴江华，译.北京：北京美术摄影出版社，2019：106.

② [美]弗雷德·S·克雷纳，克里斯汀·J·马米亚.加德纳艺术通史[M].李建群，等译.长沙：湖南美术出版社，2012：852.

▲ 图 5-4-4　悉尼歌剧院　[丹麦]约恩·伍重

银川当代美术馆和悉尼歌剧院都依水而居，并且是以承载艺术为主要功能的建筑，也因此带有水的灵动和艺术的优雅。银川当代美术馆紧邻黄河，凭借着黄河的神韵，承载着黄河的精神内涵，向黄河流域和其他区域的人们诉说着它的无限生机和前卫的文化艺术理念。悉尼歌剧院建于海面之上，建筑形式具有仿生特点，既像贝壳，又像帆船，与大海息息相关，暗含着大海对澳大利亚的深刻影响。

三、高耸有力的建筑

▲ 图 5-4-5　中国银行大厦　[美国]贝聿铭

庞大高耸的建筑，往往给人一种宏伟和崇高之感，中国故宫建筑群的宏伟壮观和欧洲哥特式教堂的高耸之势，无不使人们赞叹建筑师的伟大与建筑物的震撼。而在当代，建筑材料的更新和建筑技术的进步，使得建筑可以更宏伟、更高大，而且也可以更巧妙、更奇特。

20 世纪后，建筑的高度成为建筑师不断追求和刷新的目标，大量的摩天大楼拔地而起，成为城市的地标建筑。矗立于香港的中国银行大厦(图 5-4-5)不仅追求建筑的高耸入云之势，并且以简约但不简单的形态设计成为一座耀眼的经典建筑。中国银行大厦由著名建筑师贝聿铭(1917—2019)设计，于 1989 年建造完成。大厦楼高 315 米，加顶上两杆的高度(约 50 多米)共有 367.4 米。其设计灵感源自竹子的“节节高升”，象征着力量、生机、茁壮和锐意进取的精神。其建筑特点是将中国的传统建筑理念和现代的先进建筑科技结合起来，大厦由四个不同高度的三角柱组成，呈多面棱形，好比熠熠生辉的水晶体，在阳光照射下呈现出不同色彩。这座由玻璃幕墙与铝合金构成的立体几何图形建筑物，巍然矗立在港岛中区，雄视维多利亚港。同时，这也是一座极致优雅的摩天楼，就像一枚表面呈三角形和长菱形的艺术折纸，用白色勾勒出结构线条，单一的楼体被分解为三段高度不一的层次，是这座城市天际线上当仁不让的主角①。

① [意]保罗·法沃勒. 当代建筑[M]. 周晟，吴江华，译. 北京：北京美术摄影出版社，2019：114.

坐落于西班牙的毕尔巴鄂古根海姆博物馆（图 5－4－6），是一座体量庞大、造型奇特、充满力量感的建筑。毕尔巴鄂古根海姆博物馆由建筑师弗兰克·盖里（Frank Gehry）设计，于 1997 年建造完成。该建筑设计巧妙，造型独特，由不规则的几何体构成，表面有着光滑的金属色泽，充满未来感和抽象感。这座极具戏剧化的建筑既不对称也不平衡，不规则的主体块面（其轮廓会随着参观者位置的变化而发生变化）看上去就像是一堆坍塌的机器元件，顶端还有一朵正在盛放的“金属花”[①]。如果从远处看这座建筑，它甚至也像一件庞大的严丝合缝的雕塑作品，会使人想起意大利未来主义雕塑家翁贝托·波丘尼（Umberto Boccioni）[②]的雕塑作品《空间中连续的独特形体》。光滑的外表和奇特的造型，也使得这座建筑物似有生命力量和运动之感，如同一个充满力量的巨兽。无论是形态、规模还是流光溢彩的外表，都足以让它成为一座城市的象征，也足以让它所在的城市蜚声国际[③]。

▲ 图 5－4－6　毕尔巴鄂古根海姆博物馆　［加拿大］弗兰克·格里

香港中国银行大厦以直入云霄的高度诠释着当代建筑的宏伟气势，并以规则的几何形体和晶莹透亮的外立面构成简洁优雅的建筑外形，同时蕴含着“节节高升”的中国传统建筑理念和锐意进取的精神内涵。毕尔巴鄂古根海姆博物馆体量庞大、设计巧妙，以不规则的几何形体和金属光泽的外表构成造型奇特的建筑外形，整个博物馆不仅是一座建筑物，也像一件庞大的雕塑，又像一个充满力量的巨兽，饱含生命力和运动感。

第五节　当代新兴艺术

20 世纪中叶前后，有别于传统艺术的新兴艺术在前卫艺术家的艺术理念与实践陶染下萌芽生长，且快速蔓延至世界各地。新兴艺术在创作理念、创作形式、创作材料以及呈现方式等方面不同于传统艺术，展现出一种更加开放、自由、符合时代特征并宣扬人人都可以参与的新艺术精神。以下列举的新型艺术包括装置艺术、大地艺术、数码艺术等。事实上，新兴艺术及其形式多样，由于一些艺术形式并非二维平面化呈现，也不能单纯用眼睛去看或品读，而是要实地面对，全方位地、多感官地去“看”或参与、体验的艺术，难以用图片呈现，因此未列入。“窥一斑知全豹”，这里通过不同形式的、个别的新兴艺术作品，引领师范生了解其艺术形式、艺术观念和艺术内涵等，目的在于拓宽师范生的艺术视野和思维方式，为有效形成

① ［美］弗雷德·S·克雷纳、克里斯汀·J·马米亚. 加德纳艺术通史［M］. 李建群，等译. 长沙：湖南美术出版社，2012：860.
② 意大利未来主义画家和雕塑家，表现现代生活的暴力与快节奏，试图将运动、光和声转化成形体，代表作品《空间中连续的独特形体》。
③ ［意］保罗·法沃勒. 当代建筑［M］. 周晟，吴江华，译. 北京：北京美术摄影出版社，2019：144.

教师职业能力奠定基础，进而丰富幼儿的美术实践活动，创设多样化的教育环境。

一、灵活的装置艺术

装置艺术是当代艺术中最常见的一种艺术形式。所谓装置艺术，就是指在特定地点（美术馆和画廊），为摆放、布置和搭建立体物品而进行的空间构造活动。由于其创作目标是制造某种空间环境，所以，它也被看成一种环境艺术。装置艺术还不受艺术门类的限制，可自由使用绘画、雕塑、建筑、音乐、戏剧、电影、电视、录音、录像、摄影、文字等手段，这些为艺术家的情感表现提供了极大便利[①]。所以，装置艺术也是一种综合性的艺术，它打破了艺术类型的限制以及单纯以视觉审美为目的的呈现方式。人们在欣赏装置艺术时，能在多种感官层面上受到刺激，由此体会整体艺术氛围，这正是装置艺术成为当代艺术主流手法的原因[②]。

中国人最熟悉的绘画形式莫过于中国传统水墨画，而山水画是中国传统绘画中的重要表现题材。水墨山水画通过墨液的五彩变化，能够幻化出山水田园烟云缭绕、劲峭雄秀之势，表达中国艺术家的观念和情感。传统的水墨山水画都是以图轴的形式进行呈现，但是在中国当代艺术家徐冰的山水画创作中，无论是创作手段还是呈现形式，都是巧妙又独特的。徐冰创作的作品《背后的故事：仿大痴山水图》（图 5 – 5 – 1）并不用中国传统的作画工具和材料，而是用日常生活中常见的废旧材料进行“拼贴”。徐冰的创作不是“画”在纸上，而是在一个灯箱内创作完成——通过灯箱的磨砂玻璃，观众可以隐约看到树木与山石朦胧的轮廓。从正面看，是一幅经典的中国传统山水画，风景的灵魂在光影间跳跃。然而转到作品背后，会惊异地发现其中的玄机：原来如此优美的画面竟然是由各种废旧物品构成的，它们被透明胶带固定在磨砂玻璃背后，在灯光的照射下，编织出美妙的图像，犹如中国传统水墨画在宣纸上晕染的效果[③]。徐冰的作品是用一种当代的方式模仿中国古代画家的山水画作品，使中国传统绘画的魅力再次迸发出来，进入我们的当代视觉经验之中，宛若新生[④]。

彩虹是一种常见的自然现象，雨后天晴时天空中常会挂着一道七彩斑斓的彩虹，但天空中的彩虹只能高高在上，让人仰望。不过彩虹也可以人为制造，让人触手可及、沉浸其中。丹麦艺术家奥拉维尔·埃利亚松（Olafur Eliasson）就以对美的极致追求为目标，制造出一道人造彩虹。埃利亚松的作品《彩虹》（图 5 – 5 – 1）主要由聚光灯和喷雾装置一起协同制造而出，他用聚光灯照亮多孔管，再把水注入管中。当成千上万的细微水滴喷出雨雾时，在光的折射下一道彩虹悬起。更有趣的是，观众可以进入这道风景线之中，产生身心浸润的奇妙感受。随着观众身体的运动，彩虹也会产生变化。在这个过程中，观众不只惊叹于

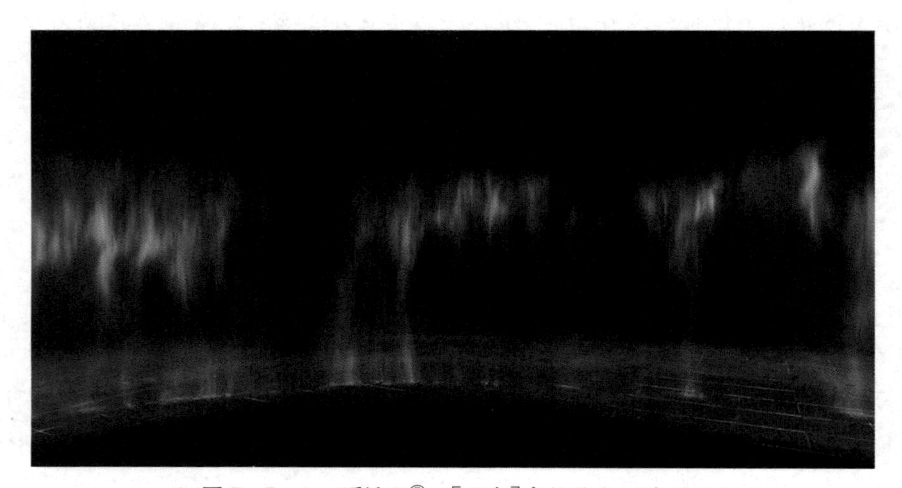

▲ 图 5 – 5 – 1 《彩虹》[⑤] ［丹麦］奥拉维尔·埃利亚松

① 王洪义. 西方当代美术：不是艺术的艺术史[M]. 哈尔滨：哈尔滨工业大学出版社，2008：72.
② 同上。
③ 邵亦杨. 全球视野下的当代艺术[M]. 北京：北京大学出版社，2019：35 – 39.
④ 同上。
⑤ 图片由北京红砖美术馆提供，摄影：邢宇，2018 年于北京红砖美术馆展出。

视觉之美，还可以参与其中，与美进行对话①。

从徐冰和奥拉维尔·埃利亚松的艺术作品中，我们能体会到装置艺术的独特之处，即这种艺术不再是平面艺术，而是一种可以身临其境的空间艺术，观众可以进入其中，与艺术进行互动。徐冰的作品与中国古典绘画保持紧密关系，是对中国古典绘画的致敬，也是对古典艺术的当代化再现，既保持着中国古典艺术"可望、可居、可游"的美学想象，也体现了当代艺术家的艺术观念和独特的表现方式。埃利亚松通过人为制造彩虹来实现他对美的追求和阐释，他将高不可攀的彩虹降至人间，使观众身临其境，与彩虹幻化为一体，获得另一种美的体验。

二、震撼的大地艺术

大地艺术一般也被称为地景艺术或者环境艺术，是艺术家拒绝艺术的商业化以及对生态环境反思的结果，是以反都市化和回归大地的态度进行的艺术创作②。大地艺术的主要创作形式是以制作类似土地工程的景观，改变自然原貌；另一种是通过对自然的加工或修饰，让自然本身呈现美感，从而能保持原来的生态环境（大地艺术相关介绍可参阅第一单元第一节第14至15页）。很多大地艺术家坚持大地作品不是为人类创造的，他们的作品常常由于位置偏远而全无观众。由于作品通常是露天存放，因气候和环境影响难以长久保存，因此，它也是一种"过程艺术"③。

中国艺术家董书兵的《大地之子》（图5－5－2）是俯卧在戈壁滩上的一个巨型婴儿，婴儿的体长15米、宽9米、高4.3米；是运用数字技术，通过3D扫描取得模型数据，再分块进行3D雕刻，在这片古老的大地上尝试了当今中国关于大型艺术最新的创作手段而完成的。虽然婴儿体量巨大、视觉效果强烈，但相对于整个戈壁地貌而言却毫无突兀违和之感。完成后的作品无论是砂岩的粗犷肌理、石材自身沉稳厚重的棕红色调，还是作品本身寓意的文化内涵，都与广袤壮阔的戈壁情境相融，浑然天成。婴儿身上红砂岩的材料和灰黄色的大地对比和谐，像是从大地中生长出来的一样，紧紧地俯卧在大地上，像是在母亲的怀抱里熟睡，神态安静祥和，身形憨态可掬，惹人喜爱。婴儿代表着新生、代表着生命、代表着希望、代表着未来，象征千年丝路又一次重生，象征古老丝路又一次希望和梦想的开始。

▲ 图5－5－2 《大地之子》甘肃瓜州　董书兵

尊重生态环境和保持自然面貌，是美国艺术家克里斯托·克劳德（Christo Claude）和珍妮·克劳德（Jeanne Claude）在进行大地艺术时的创作态度。作品《门》共有7 500道由"门"形框架和橙黄色的纤维材

① 邵亦杨.全球视野下的当代艺术[M].北京：北京大学出版社，2019：133－134.

② [美]弗雷德·S·克雷纳，克里斯汀·J·马米亚.加德纳艺术通史[M].李建群，等译.长沙：湖南美术出版社，2012：848.

③ 王洪义.西方当代美术：不是艺术的艺术史[M].哈尔滨：哈尔滨工业大学出版社，2008：124.

料组成，沿着长达36.8公里的纽约中央公园人行道蜿蜒前行；项目耗资上万美金，耗材数以万计，但展示的时间却只有短短16天。这些门耀眼而强烈的视觉刺激，宣示着艺术无孔不入，吸引着人行道上行人的目光。这些门犹如公园里的脉搏，给冬日里的公园带来温暖和活力，也给公园里的人们以温情。假使在夜晚，公园里的路灯亮起，照亮这些橙黄色的门，这些门定会像贯穿于公园的蜿蜒的金色河流，耀眼而璀璨，浪漫而温馨，为寒冷的冬日带来浓浓暖意。

大地艺术是艺术家对自然环境变与不变的个人态度。所谓变，是艺术家经过艺术化的理想改造，揭露大自然本身之美；所谓不变，是艺术家在对大自然进行艺术化改造的同时保持大自然的原本生态和面貌。中国艺术家董书兵运用新技术手段将一个巨型婴儿置于中国西部的戈壁滩上，使婴儿与戈壁滩融为一体，成为戈壁滩的一部分。这个巨型婴儿不仅是一件艺术作品，也是艺术家对个人创作的愿景：新生命的诞生，代表着希望和未来，象征千年丝路的重生和又一次希望的开始。美国艺术家克里斯托·克劳德和珍妮·克劳德夫妇在不改变公园生态环境的前提下，用环保的材料为公园放置了金黄色的长廊，使公园变得美轮美奂且充满活力，也为人们带来耀眼而强烈的视觉刺激。

三、奇妙的数码艺术

20世纪后期，随着电子信息技术的不断发展，全球陆续进入数码电子时代，产生了新的艺术形式——数码艺术。数码艺术是一种以光学媒介和电子媒介为基本语言的新艺术门类，它建立在数字技术的基础上，亦称新媒体艺术。主要利用录像、计算机、网络等最新科技手段，通过创造虚拟空间和人机互动效果，推动视觉艺术领域的革命，造就了当代文化奇观。

从2004年起，邱黯雄将自己眼中的一个个现代怪兽绘制出来，加上文言注解，订制成册。并在文字叙述旁边配上手绘插图，其中有像青蛙一样的推土机、伸出大象鼻子的坦克、悬浮岛似的航空母舰、无头鸟似的喷气式轰炸机、长着卫星接收器脑袋的动物等。并将这些形象依据个人观念，制作成水墨动画作品——《新山海经》。该作品用寓言化的图像描绘了处于动荡和演变中的当代世界。作品内容丰富，有奇怪诡异的动物化的武器，反映自然环境和政治演变对人类和动物的生存状态的影响，是远古至当代历史变化的缩影；也有工业社会的冰冷机器开始向农耕文明侵蚀，人类的贪婪对环境造成的影响，现代生物技术产生的反自然生产等。一座座工业城市被复制粘贴，标准化、流水线的生产，人们被工业垃圾包围而窒息。荒漠横陈，乌云密布……尽管借用了录像、投影、多媒体等现代高科技手段和媒介，《新山海经》的图像却传达出一种传统水墨画特有的韵味。每一个画面都呈现了水墨画的技巧，在笔墨的加减中，物象从生成到寂灭，不仅仅体现了中国传统文人画优雅抒情、淡泊宁静的古典美，而且在图像的动态变化中，还令人感到这个世界变化得如此之快，我们还没来得及调整眼睛的焦距，它就已经变了模样。同时，《新山海经》运用现代媒体技术和中国传统文化艺术，借古讽今，将古代的奇谈怪论与现实的荒诞无稽相结合，揭示了工业化时代以来，高度发达的科技、工业和军事助长了人类的贪欲，给现实社会带来种种危机，使物质和生态环境发生种种异化。

邱黯雄以水墨动画的形式，运用现代多媒体技术将不动的水墨画幻化为一幅幅生动且含有深刻讽刺意味的视觉史诗，为观众揭开了看似繁荣平和的世界背后的真相。同时也表达了对历史进程和社会现状中各种社会问题的质疑①。

四、有趣的幻境艺术

火药，是中国的四大发明之一，也是人类文明史上一项杰出的成就。火药可以制成烟花爆竹，用来庆祝节日，为人们增添佳节的氛围；也可以制成火炮弹药，用来攻城拔寨，侵略别国，使人们陷入战争的灾难。人们总希望火药可以为生活增添乐趣，成为生活里的增鲜剂，使生活美好，而不愿看到火药给人类带来战争之苦。

中国艺术家蔡国强，以火药作为艺术创作的主要材料，创作出美妙绝伦的艺术作品，为观众带来用火

① 邵亦杨.全球视野下的当代艺术[M].北京：北京大学出版社，2019：27－33.

药“炸”出的视觉盛宴。2008年北京奥运会开幕式上，蔡国强就用火药“炸”出了一步步走向体育场的“巨人的脚印”。在这之后，蔡国强利用火药在国内外进行了多次艺术项目，创作出了精彩灿烂的艺术作品。2018年，蔡国强于意大利实施了新的艺术项目，在佛罗伦萨点燃了《空中花城》。“佛罗伦萨”在意大利语中是“鲜花之城”的意思，同时，佛罗伦萨也是文艺复兴的起源地。蔡国强的《空中花城》艺术项目，以佛罗伦萨的天空为画布，以火药为画笔，以波提切利的《春》为灵感，爆破万千象征文艺复兴伟大艺术成就的“花草”，为这座文艺复兴之城献礼。在火药爆破过程中，各色“花茎”“花叶”“花瓣”，数十米到百米不等，依次爆裂散开，象征“花神”闪现，孕育繁荣。继而彩烟喷涌，巨大的“白色瀑布”从百米高空垂下，黑白红烟缠绕滚动，代表“维纳斯”神圣而立。随后，大片洁白烟雾落下，透着丝丝缕缕粉红、嫩黄，文艺复兴之美的“三女神”翩然而至。而后“白花”“黑花”喷射，营造出美的“精神花园”。最后，焰火在一簇簇佛罗伦萨市花“百合”汇聚而成的壮烈红云中结束。佛罗伦萨空中阵阵火药形成的“花草”，犹如文艺复兴时期各艺术大师的百花齐放，使今人感受前辈画家的艺术精神在今天的震撼和温暖。

镜子，是我们日常生活中不可或缺的生活用品，人们用镜子观看自己的形象，或照镜梳妆，或审视自己。镜子，也不仅仅是普通的生活用品，它可以用来创作艺术作品，让人们通过镜子重新观察自然，思考自身与自然的关系。英国艺术家安尼什·卡普尔（Anish Kapoor）则用巨大的镜子，创作自己的艺术作品，为人们呈现了一种“天镜”之美。作品《天镜》（图5-5-3）是安尼什·卡普尔利用巨型凹凸镜创作的艺术作品，他将圆形的巨型镜子置放在大自然中或城市之内。利用镜面反射自然景象或者城市景象，以此完成他的艺术创作。艺术家将巨型凹凸镜放在一处优美的自然环境中，巨型的镜子与周围的田园景色融为一体，仿佛消失在自然界中，镜中映射的景象变成了一幅幅动态的画面，忠实地记录着不同时间、不同季节的景物变化[①]。这面巨大的不锈钢凹凸镜，一面照向天空和云朵，另一面反射周围的环境。它仿佛把世界掉转过来，使观众沉浸于天上人间的美景之中，反省自身与环境之间的关系。在每个不同的地方展出，它都能反映不同的环境，与观众进行不同的对话，产生不同的意义[②]。

▲ **图5-5-3 《天镜》**
［英国］安尼什·卡普尔

蔡国强和安尼什·卡普尔的作品用简洁而有效的方式阐释了“艺术可以从任何东西而来，任何东西都可以成为艺术”的当代艺术理念。蔡国强用中国发明的火药，改变了传统观念中对火药的定义，将其作为艺术创作的材料和手段，创造出艺术化的视觉效果，借以表达艺术家对世界的关怀和思考，也为世界带来美妙绝伦的艺术作品。卡普尔借用巨大的镜子，将我们每天接触的大自然“收纳”其中，强化了被人们忽略了的大自然之美，使人们重新观察和沉浸于身边的自然之景，思考自身与自然环境之间的关系。

单元小结

当代艺术是开放的艺术，它改变了传统艺术严格的艺术法则，拓展了艺术的边界，拉近了艺术与大众的距离，成为大众化的艺术。

当代艺术创作的手段和材料多样、创作方式和呈现方式多元，不要求特别高超的艺术表现能力。艺术作品不仅在艺术理念上具有幼儿美术活动的美学特点，在表现形式上也与幼儿美术实践有类似之处。

---

① 邵亦杨.全球视野下的当代艺术[M].北京：北京大学出版社，2019：130.
② 同上书，129－130.

师范生在欣赏当代艺术作品时，不仅要思考、理解作品的形式美感和艺术特点，也要进一步将所学与将来专业发展联系起来、相互融通，以培养幼儿的文化自信与审美能力，达到淬炼学思强本领的目的。

思考与练习

1. 以本单元中西方当代绘画艺术为例，写一份针对形式美感和意蕴内涵的评析报告。

2. 借助线上数字资源库，选择一件中国当代装置艺术作品，分析其形式特点、形式美感和内在含义，并形成一份文字作业。

3. 结合当代艺术的特点，以新兴艺术为参考，设计一组幼儿园环境创设方案。

4. 以本单元中西方当代雕塑艺术为例，写一份大班艺术领域教育教学活动教案。

主要参考文献

ZHU YAO CAN KAO WEN XIAN

[1] 刘昕. 学前儿童艺术教育与活动指导(第二版)[M]. 北京:教育科学出版社,2016.
[2] 张念芸. 学前儿童美术教育(第3版)[M]. 北京:北京师范大学出版社,2014.
[3] 郭亦勤. 学前儿童艺术教育活动指导(第二版)[M]. 上海:复旦大学出版社,2009.
[4] 姜凤华. 现代教育评价理论·技术·实践(修订版)[M]. 广州:广东人民出版社,2003.
[5] 王道俊,郭文安. 教育学(第七版)[M]. 北京:人民教育出版社,2016.
[6] 李素艳. 幼儿绘画活动指导——线条·图形·色彩·构图[M]. 上海:复旦大学出版社,2018.
[8] [法]马克·吉梅内斯. 当代艺术之争[M]. 王名南,译. 北京:北京大学出版社,2015.
[9] [德]福尔克尔·哈兰. 什么是艺术?:博伊斯和学生的对话[M]. 韩子仲,译. 北京:商务印书馆,2017.
[10] 王洪义. 西方当代美术:不是艺术的艺术史[M]. 哈尔滨:哈尔滨工业大学出版社,2008.
[11] [英]威尔·贡培兹. 现代艺术150年:一个未完成的故事[M]. 王烁,王同乐,译. 桂林:广西师范大学出版社,2017.
[12] 邵亦杨. 全球视野下的当代艺术[M]. 北京:北京大学出版社,2019.
[13] [美] 弗雷德·S. 克雷纳,克里斯汀·J. 马米亚. 加德纳艺术通史[M]. 李建群,王燕飞,高高等译. 长沙:湖南美术出版社,2013.
[14] [英] 贡布里希. 艺术的故事[M]. 范景中,译. 南宁:广西美术出版社,2008.
[15] 张夫也. 外国工艺美术史(第二版)[M]. 北京:高等教育出版社,2015.
[16] [意] 保罗·法沃勒. 当代建筑[M]. 周晟,吴江华,译. 北京:北京美术摄影出版社,2019.
[17] 陈立. 从精神容器到开放场域:当代美术馆的特征和形式研究[D]. 北京:中央美术学院,2017.
[18] 肖路. 国产动画电影的传统美学风格及其文化探源[D]. 上海:华东师范大学,2006.
[19] 汤新星. 旗袍审美文化内涵的解读[D]. 武汉:武汉大学,2005.
[20] 段鹏. 开放的艺术及其教育——当代艺术融入学校美术教育的理论研究与实践应用[D]. 北京:首都师范大学,2011.
[21] 陈青,李明星. 上海"东方明珠"电视塔设计方案创作始末——总设计师江欢成院士访谈记[J]. 设计,2017(07):139-141.
[22] 张妮菁,张建华. 地域文化在主题咖啡厅概念设计中的应用[J]. 上海商业,2015(05):42.
[23] 曲通春. 美学视角下的现代报纸排版设计探究[J]. 新闻传播,2016(19):59-60.
[24] 孙艳秋. 打造魔幻视觉空间——北京欢乐谷游乐园的景观设计评析[J]. 吉林艺术学院学报,2009(05):69-70.
[25] 王红娟. 如何欣赏和评价幼儿的绘画作品[J]. 美术教育研究,2015(13):166-168.
[26] 施伟. 幼儿园美术活动材料选择的建议[J]. 赤子(上中旬),2016(21):216.
[27] 范迪安. 中国当代艺术亮相巴黎[J]. 中外文化交流,2003(4):23-26.
[28] 徐小鼎. 当代艺术教育的"心有灵犀"[J]. 湖北美术学院学报,2018(2):59-61.

图书在版编目(CIP)数据

美术. 造型实践与素养/沈建洲总主编;胡郁珮主编. --上海:复旦大学出版社,2025. 1
ISBN 978-7-309-16803-7

Ⅰ. ①美… Ⅱ. ①沈… ②胡… Ⅲ. ①美术-高等学校-教材 Ⅳ. ①J

中国国家版本馆 CIP 数据核字(2023)第 065708 号

美术——造型实践与素养
沈建洲 总主编
胡郁珮 主 编
责任编辑/高丽那

复旦大学出版社有限公司出版发行
上海市国权路 579 号 邮编:200433
网址:fupnet@fudanpress.com http://www.fudanpress.com
门市零售:86-21-65102580 团体订购:86-21-65104505
出版部电话:86-21-65642845
上海丽佳制版印刷有限公司

开本 890 毫米×1240 毫米 1/16 印张 8.75 字数 271 千字
2025 年 1 月第 1 版第 1 次印刷

ISBN 978-7-309-16803-7/J · 484
定价:45.00 元